どの子もHappyになる！
教室習慣づくり
7つの原則

松島博昭 著

学芸みらい社
GAKUGEI MIRAISHA

まえがき

　初めて高学年のクラスを担任した時の家庭訪問。

　保護者からの

「うちの子は、ほとんど授業で発言したことがない」

との言葉。隣にいる子供に聞いた。

「授業で発言したくないの？」

返ってきた言葉は、

「発言したいけど、恥ずかしくてできない。周りから何言われるかわからないし・・・・」

　背筋が凍りついた。なぜなら、

発言できないのは、子供が悪いのではなく、自分の授業に問題があったからだ。

　自分の授業の問題点は何か。それは、

できる子が活躍し、できない子は活躍できない授業

であった。

　何も工夫なしで、

「発表できる人？」

とクラスの子たちに発言を求める。

できる子が元気に挙手し正解を発表して当然である。

できない子は、発言したくても活躍せずに授業を終える。つまり、1年かけて、「発言できない自分」を形成させていたのは、自分の授業であることに気づいた。劣等感を植え付けるような授業になっていたのだ。そこからどうすれば、「発言したい」を実現させられるか考えるようになった。

　ちょっとした工夫をするだけで、授業は変わることを学ぶ。

　例えば、発表する前に下記のようなステップを踏む。

①「意見をノートに書きなさい」

　　（自分の意見をノートに書かせる）

②「ノートを持ってきなさい」

　　（教師が○をつけ安心させる）

③「ノートに書いた意見を1回読んだら座りなさい」

（意見を発表する練習をする）
　④「隣の人同士で意見を言い合います」
　　（人に意見を発表する練習をする）

　この指導をした上で、
「発表できる人？」
と問うと、発言する子は劇的に増えた。
「あの子は発表しない子」ではなく、「発表したくてもできない」ことに教師は気づき、工夫していくことが必要なのだ。
「あの子は発言しない子」と決めつけた瞬間に工夫をしない。どうすれば発言できるかを考え抜くのが教師なのだ。
「あの子は、挨拶しない」のではなく、
「挨拶したくてもできない」。だから教師が工夫し、教える。
「あの子は、仲よくできない」のではなく、
「仲よくしたくてもできない」。だから教師が工夫し、教える。
　学校は、

「成功と成長」を実感する場所

である。劣等感を感じさせる場所ではない。
　子供たちに「成功と成長」を実感させられる場面は授業以外にもさまざまある。
　本書では、子供たちが「成功と成長」を実感できる、「７つの原則」を示した。
「美しい言葉を使う習慣」「環境を整える習慣」「仲間を大切にする習慣」「挑戦する習慣」「貢献する習慣」「続ける習慣」「感謝する習慣」を身につけることによって、子供たちは、「成功と成長」を実感する。
　クラスの子たち自身が「成功と成長」を実感することによって、「最高のクラス」になる。
　子供たちと共に葛藤しながら生み出した実践である。
　教師の意図的な働きかけが子供たちの学校生活を劇的に変える。
　本書が、最高のクラスを実現したいと願う先生方の一助になることを心より願います。
　2021年初夏

　　　　　　　　　　　　NPO群馬教育研究会　理事
　　　　　　　　　　　　TOSS群馬代表、TOSS CHANCE代表
　　　　　　　　　　　　松島博昭

目次

第 2 章

習慣② 「環境を整える」習慣を身につける

第3章
習慣③
「仲間を大切にする」習慣を身につける

第4章
習慣④ 「挑戦する」習慣を身につける

第7章

習慣⑦ 「感謝する」習慣を身につける

美しい言葉で変わる子供のメンタル①

美しい言葉を教える
「悪い言葉を使っていませんか？」

1　教室で使う言葉を整える

　４月の教室。

　毎年、真っ先に気になることがある。

　それは、「子供たちが日常使う言葉」である。

「うざい」「きもい」「だるい」「面倒くさい」……

　子供たちは、マイナス言葉を当たり前のように使う。

　言葉の力を子供たちは、知らないのである。

　新しいクラスのスタート。「言葉を整える」ことから始める。

2　なぜ、子供たちは悪い言葉を使うのか

> 　よい言葉と悪い言葉のどちらが頭に入りやすいと思いますか。

　人は、「悪い言葉」のほうが記憶しやすいという話がある。確かに、悪い言葉のほうが印象深く頭に残っているイメージがある。

　つまり、何も指導しなければ、子供たちは「悪い言葉」を多用する。

　４月に伝える。

> 　人は、よい言葉よりも悪い言葉のほうが頭に入りやすい。YouTubeやゲームの中で、使われている悪い言葉のほうが印象に残ります。

　子供たちは、「え⁉　そうなの！」という顔になる。

　中には、

「だから、ついつい言ってしまうのかー」

とつぶやく子もいる。

3　たった一言の言葉を変えるだけで学級の雰囲気が変わる

　子供たちから相談される。

「友達になりたい」と思っているのに、どうして友達になれないのか。

それは、「仲よくなる言葉を知らない」からであると教える。

友達に対して話しかけようとしても、どんな言葉をかければよいのか知らない。言葉を知らないとどうなるか。

「うるせー」「知らねー」「うざい」と思っていないが、悪い言葉を使ってしまう。

こんなエピソードがある。女子が、男子に、

「ちょっとファイル取って」

と声をかけた。すると、

「うるせー」

と、言いながらファイルを渡していた。

女の子は、悲しそうな顔をしていた。「うるせー」と言った子に聞く。

「うるせーって本当は思っていないのに使っていませんか」

「はい。そうです」

つまり、

女子に頼まれたときにどんな言葉を使えばよいのか、間違えた学習をしている。「うるせー」が口癖になっている

のである。

悪い言葉を使っているとどうなるか。

学級の雰囲気は悪くなる。

男女の仲もよくはならない。

子供たちに言葉を教えるとどうなるか。

右は、女子の日記である。

「いいよ」という3文字を使うだけで、「男子が優しくなっている」と思うのである。

たった一言を言えるかどうか。

よい学級にする上で大切な習慣である。

具体的にどのように指導していくのか。紹介していく。

ワンポイントアドバイス

自分の思っていることは、言葉にしなければ相手には伝わらないことを教える。思っていなくてもつい「悪い言葉」を日常的に使っていないか。自分自身が使っている言葉に気づかせることが第一歩となる。

11

美しい言葉で変わる子供のメンタル②

美しい言葉を教える
「言葉を知らなければ、使えない」

1 友達ができない人は、言葉を知らない

言葉を知らないと困ることとはどんなことがありますか。

・友達ができない。
・人と話ができない。
・自分の気持ちを伝えることができない。

仲よくなるためには、どんな言葉を使えばよいですか。
ノートに書きなさい。

予想以上に子供たちは書けなかった。
1つか2つで手が止まる子もいる。
ここで、話をする。

今、たくさんの言葉を知っている人は、友達にたくさん話しかけることができる可能性があります。
仲よくなりたいと思っても、言葉にしないと相手には伝わらないのです。

一番多く書けた子に発表させる。
この意見に言葉を足していく。

「なるほど」「いいな」と思う言葉はノートに書き足しなさい。

1つ2つだった子も、黒板を見たり、発表を聞いたりして付け足していく。

今出た言葉をまとめて何と呼びましょうか。
何か、意見がある人は発表してください。

と伝えると、
「美しい言葉」

という意見が出た。

　満場一致で、「美しい言葉」がよいということになった。

　画用紙に「美しい言葉」と書いて、教室に掲示した。→

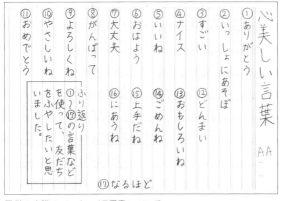

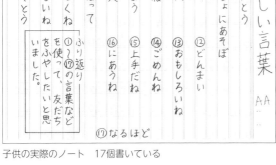

子供の実際のノート　17個書いている

2　美しい言葉を使い練習をする

　言葉を知っていたとしても、実際に自分が使えなければ意味がない。

　場面を設定し、美しい言葉を使う練習を行う。ペアで練習する。

> 場面1：友達にお礼を言うとき
> 　　　　「ありがとう」「助かったよ」
> 場面2：休み時間に遊びに誘うとき
> 　　　　「一緒に遊ばない」「私もまぜて」
> 場面3：友達が失敗したとき
> 　　　　「大丈夫」「ドンマイ」

　上手にコミュニケーションを取れているペアをモデルにして紹介したり、個別に褒めたりして行動を強化する。

ワンポイントアドバイス

　言葉を教え、言い方も練習する。大切なのは、日常場面でどれだけ使うことができるかである。美しい言葉を教師も使い、使っている子供を賞賛してく。美しい言葉を使うことによって成長を実感した子たちは、日記に次々と美しい言葉について書いてくるようになる。取り上げ、クラスに紹介する。

13

美しい言葉を教える授業

つい言ってしまうマイナス発言を予防する授業

1　クラスで気になる言葉が飛び交うのは危険なサイン

　クラスで子供たちがどのような言葉を日常使っているのか。
　荒れたクラスは、日常的に子供たちが使う言葉が汚い。
「うざい」
「だるい」
「バカじゃない」
などの言葉がクラスで飛び交っていたら危険である。
　マイナス言葉が気になったときにおすすめの授業を紹介する。

2　マイナス言葉がもたらす影響を教える

> 言われて嫌な気持ちになるマイナス言葉を書きなさい。

　10個以上書けた子に黒板に書かせていく。
　子供たちは、マイナス言葉をものすごい勢いで書いていく。

←実際の黒板
　ズラッとマイナス言葉が並ぶ

> 黒板の言葉を見ての感想をノートに書きなさい。

「気分がものすごく悪くなります」
「絶対言われたくないです」

> この言葉を言われたい人？　言われたくない人？

　全員が言われたくないに手を挙げているか確認する。
　言われたい人に手を挙げる子がいる場合は学級が危険な状態になっている。

14

　今のクラスにこうした言葉は、たくさん使われている？　全くない？　少しある？　ほんのちょっとある？

　手を挙げさせ、クラスの実態を全員で確認する。

　みんな言ってはいけないし、言われたくないと思っているけど、言ってしまう。どんなときについ言ってしまいますか。

・イライラしているとき
・注意されたとき
・自分が失敗したとき　など

　言いそうになったとき、どのように言わないようにしますか。

・相手から離れる。
・「ありがとう」などの美しい言葉に変える　など

3　アンガーマネジメントの６秒ルールを教える

　人はイラッとしたときに、６秒我慢すると怒りがスーッとおさまることが多いようです。
　だから、イラッとして、悪い言葉を言いそうになったときに、深呼吸したり、手をグッと握ったりして６秒待つとマイナス言葉が出なくなるかもしれませんね。

　実際に、イラッとしたときに、どのようにマイナス言葉を言わないようにするか練習する。

　黒板にある言葉を使うと、自分の周りの人も不幸せになります。間違いないです。悪い言葉は、悪いことを引き寄せるのです。

　感想を聞くと、やんちゃ男子が、「確かに、よく言った後に後悔することがあります」と発表していた。

☞ ワンポイントアドバイス

　マイナス言葉を子供たちが言ったときに、「マイナス言葉を使いません」と注意することが多くなってしまう。注意だけをしていると、教室の雰囲気は悪くなる。注意ではなく、予防的な指導が必要となる。自分たちが日常で使っている言葉に気づかせ、改善策を教える。教えて褒めるのである。

4　美しい言葉を使う習慣が身につく指導①

自分にキャッチフレーズをつけることで、クラスを明るくする
言葉の力は、自分にエネルギーを与える

1　自分にキャッチフレーズをつける

　自分にキャッチフレーズをつけている人がいます。
　そう言って子供に紹介したのは、鴨頭嘉人さん。
　彼は、キャッチフレーズを自分に意図的につけている。
　1つではない。いくつも。

　世界を変える男　鴨頭嘉人

としている。
　名刺にも書き、電話に出る時もこのキャッチフレーズを言うそうだ。
　キャッチフレーズは、

　自分にエネルギーを与えてくれる言葉

　例えば、電車でゴミが落ちている。誰も拾おうとしない。
　（世界を変える男だったら……拾う！）
と行動する。
　この話をした後、子供たちにも自分
のキャッチフレーズを考えさせた。
「6年4組を笑顔にする男」
「みんなから信頼される男」
「みんなを認める男」
などなど、たくさん出る。
「ゴミを拾いまくる女」
は爆笑だった。

　キャッチフレーズを考えることで、自分の行動をよい方向に変えていく。

2　行動していることを取り上げ褒める

　キャッチフレーズをつけるだけでなく、大切なのは、その後の行動である。

　行動したことを取り上げ褒める。

ゴミを拾いまくる女

と書いた子は、日記に記録として残し続け行動していた。

　日記のタイトルは、

ゴミを拾いまくった女の1ヶ月

である。

① キャッチフレーズをつける。

② 日記に書き行動する。

③ 行動するから日記に書ける。

ということも伝えた。

　彼女の行動は、クラスに影響を与え、ゴミを一緒に拾い、

ゴミを拾いまくる女を応援し、成長する女

という子が登場した。

　言葉の力を使って、クラスが明るくなる実践である。

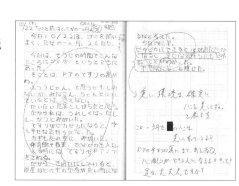

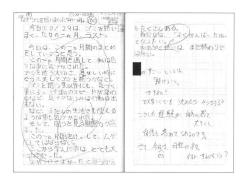

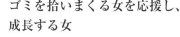

ワンポイントアドバイス

　自分にキャッチフレーズをつける活動は盛り上がる。しかし、本当に大切なのは「つけた後の行動」である。自分で決めたキャッチフレーズを目指して、行動する子たちが学級の中に育つか。教室にキャッチフレーズを掲示したり、ノートに書いておいたりして1週間、1ヶ月単位で再度確認する時間をつくる。キャッチフレーズをその都度変えてもよいと伝え、さらなる成長につなげる。

美しい言葉を使う習慣が身につく指導②

美しい言葉を使っている人には 秘密があった!!

1　言葉を知らなければ結局使えない

　何もしなければ自分が毎日使う言葉は変わらない。

「美しい言葉を使うぞ！」

と宣言しても、自分が使う言葉は変わらない。

　なぜなら、

【美しい言葉を知らない】

から使えないのである。

　つまり、

　美しい言葉を増やす方法を教える

ことが必要なのである。

2　美しい言葉を増やす習慣を教える授業

> 　文章がしっかりしていて、言葉遣いが美しい人がいます。
> 　その人は、ある習慣を続けていました。
> 　どんな習慣だと思いますか？

　黒板にヒントを出しながら、子供とやりとりして進める。

　黒板には、

> 　○○を見つけると、必ず○○する。
> 　○○を、その日のうちに○○する。

と書き、穴埋め形式で行う。

　その習慣とは、

　会話や本で知らない言葉を見つけると、

　1　必ずメモ

2　その日のうちに辞書を引き、意味を調べる

です。

つまり、美しい言葉遣いをする人は、

たくさんの言葉を知っている

のです。

さらに、目標も決めていました。

> 文章がしっかりしていて、言葉遣いが美しい人が毎日決めている目標がありました。
>
> どんなことだと思いますか。

それは、

「1日に1語、新しい言葉を」

という目標です。

1日に1つの新しい言葉を覚える習慣を身につけていたのです。

1年で、365個。

10年で、3650個です。

覚えた言葉を手帳に書き留め、次の日

三度使えば自分の語彙として永久に身につく

として、行動化していました。

言葉遣いが美しい人は、生まれつき、育ちがよいわけではなく、

言葉が美しくなる努力をしている

のです。

☞ ワンポイントアドバイス

「よし、俺もやってみよう」という子がいた。「根本的って何ですか？」と自分で気づき、調べていた。「根本的にこのクラスは笑顔です」と発表し、「おー」と皆から賞賛を受けていた。彼の満足そうな顔が印象的だ。楽しく子供たちの言葉を増やし、言葉を美しくできる実践である。

6 ちょっと待って、その言葉！ どう指導する？① 授業編

授業中に「雑魚ども」と言った 一言に対してどう対応する

1　悪い言葉には毅然と対応する

　英語の時間。

　英単語の読みのバトル。

　やんちゃ男子の１人が優勝した。

「おっ！　A君優勝！」

と言って拍手が起こり、次の活動に移ろうとしたその時、

「あー！」

という声が聞こえた。

　どうやら、優勝したA君が

「雑魚どもが」

と一言放ったそうだ。

　すぐに、A君が言ったかどうか確認した。

　言葉の指導は、その場で“毅然と対応”がポイントである。

「言いましたか？　言いませんでしたか？」

「言いました」

「悪い言葉は言いません。ごめんなさいですね」

と言って、謝って終わりになるのが通常。

　教師は、ダメなものはダメという対応をする。

　しかし、毅然と対応するだけで終わらない場合もある。

2　なぜ言ったのか、を踏まえた指導

　A君は、すぐに謝罪するような雰囲気ではなかった。

　頭ごなしに、謝罪させても効果がない。

　理由を聞くと、

「あおられたから言いました」

と答えた。

　さて、ここからどう対応するか。

　指導の腕の見せ所である。

　A君に聞く。

「あおってきたって、どんなことをされたのですか？」

「こっちを見てきました」

　この瞬間、私の勝利が見えた。

「ははははっ」

と笑いながら、伝えた。

「そりゃ、優勝したのだからみんな見るでしょ！　逆に、優勝した人を見ないと変ですよ」

と伝えた。

　そして、

「じゃぁ、優勝しても誰も見ないようにやってみるよ」

と伝え、

優勝しても、優勝者を誰も見ないバージョンを再現

した。

「優勝はA君！」

　誰もA君を見ない。

「これおかしいだろ！」

とツッコミを入れると、

教室爆笑。

　さらに、別のやんちゃ男子にも見られないバージョンを体感させる。

　そして、聞く。

「誰にも見られないとどうですか？」

「なんか寂しい感じです」

　ポイントは、本人には聞かないこと。

　別のやんちゃに言わせることだ。

　もう1人のやんちゃに、

「B君だったらどんなリアクションをしますか？」

と伝え、やってもらう。

「優勝はB君です！」

と私が言うと、全員がB君を見る。
　B君は、
「イェーイ！！！」
とリアクションをとる。
「これでしょ！」
と伝えた。

3　思っていなくても言葉にしてしまうことに共感する

　最後に、A君が「雑魚どもが」と思ってなくても言ってしまう気持ちもわかることを伝えた。

松島もそうだった。
照れ隠しで思ってもいないことを言ってしまい後悔したことがあると。

「そういうこと、みんなはない？」
と聞くと、
「あるある！」
と子供たちは、反応。
　その後は、通常通り楽しく授業を終えた。
　直後の休み時間。
　A君を呼び、
「大切なことを学んだね！」
と伝えた。
　A君は、
「はい」
と言って、元気に校庭に飛び出していった。

4　次の日の日記で自分の考えを述べる

　このような指導をした次の日。
　大抵、日記に書いてくる子が多い。
　指導された時の気持ち、口では表せないことを書いてくるのだ。
　A君も予想通り日記を書いてきた。
　内容は、

アドバイスをください

であった。

アドバイスが欲しい項目は、

1　自分が言ったことを後悔してしまう
2　悪ノリをしてしまう
3　相手とすぐ比べてしまう

であった。

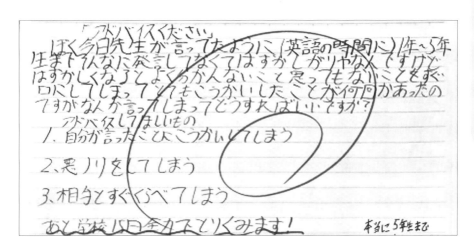

2ページを使ってA君にアドバイスを書いた。

もし、「そういう言葉は言わない」と頭ごなしに叱るのみであったら、彼は自分の課題に対して本気で直そうとは思わなかっただろう。

「雑魚ども」という言葉の裏に隠れているものがあることに、気づく必要がある。

🖎 ワンポイントアドバイス

授業中に悪い言葉を使うことを決して許してはいけない。毅然と指導することがポイントとなるが、頭ごなしの指導は逆効果。なぜ、その子が悪い言葉を使うのか。背景についても一歩引いて考えることも大切である。

7 ちょっと待って、その言葉！ どう指導する？② 休み時間編

暴言でトラブルは
成長するチャンスである

1　下級生に暴言を吐きトラブルになる

　休み時間が終わり、教室に子供たちが帰ってくる。

　男子が、何やら文句を言っている。

「あいつらマジでムカつく」

　どうやら休み時間中にトラブルがあったようだ。

　すると、インターフォンが鳴る。

　下級生の担任の先生からである。

「〇〇君に死ねって言われたそうなのですが……」

「はい、わかりました」

と電話を切る。

　事情を聞く。

　どうやら、サッカーをしていた時に、下級生が自分たちが使っているボールを蹴ってしまったそうだ。

　その時に、

「死ね」

と一言言い放ったそうだ。

　下級生にとってみたら、上級生に「死ね」と言われたのだからショックであろう。

　こうしたトラブルは、休み時間以外にも通学班など、他学年で関わる場面で起こることがある。

2　暴言に対してどう指導するかが鍵を握る

　このときに、

> 「死ね」なんて下級生に言ったらダメだろ‼
> 上級生として恥ずかしくないのか‼

と感情的に叱りつけて、改善するのであれば簡単だ。

しかし、こうしたトラブルの際に厳しく説教してもあまり効果がないというのが私の実感である。

なぜなら、彼がなぜ、「死ね」と言ってしまったのかを分析していないからだ。

彼は、日常的に「死ね」「うざい」などの言葉を使っていたのである。

つまり、

【軽率に暴言を吐いている】

のである。

だからこそ、自分の言葉の影響力を教える必要がある。

3　自分の言葉がつくる２つの未来を教える授業

こうしたトラブルが起きたとき、もちろん、下級生に対して謝罪する場面をつくる。当然である。

しかし、謝罪させて終わりでは、彼はまた同じことを繰り返す。

トラブルの経験を「学び」にするのだ。

クラス全員に聞く。

> 下級生が遊んでいるボールを勝手に蹴ったときに、正直イラッとしてしまう人？

多くの子が、手を挙げる。

> 毎日、学校で生活しているとイラッとする場面ってたくさんありますよね。イラッとする場面をできるだけノートに書きなさい。

・テストで悪い点数をとったとき
・友達とケンカしたとき
・悪口を言われたとき
　できるだけたくさん出させる。

> そのときに、どんな悪い言葉が出ますか。

・死ね
・うざい
・きもい
　子供たちに悪い言葉を聞くと、たくさん出てくる。
　言いたい子にどんどん言わせる。
　書けた子から黒板に書かせてもよい。

ずらっと悪い言葉が黒板に並ぶ。

> イラッとしたときに、今の言葉を言った後の未来はどんな世界が待っていますか。

・相手の子が逆ギレして殴られる。
・ケンカになる。
・周りの人の気分が悪くなる。
・トラブルになり、次の日の休み時間がつぶれる。
　　ここで念押しをする。

> 悪い言葉を使ったときに、幸せになる人はいますか。

　誰一人いないのである。
　悪い言葉を使うと、待っているのは、
【全ての人の不幸せ】
である。
　ここで、実際に起きたトラブルの話をする。

　　休み時間に、「死ね」とたった２文字。時間にして1秒程度の言葉を言うことによって、多くの人が不幸になりました。例えば、言われた下級生。周りで聞いている人。下級生の担任の先生。松島。さらに、このトラブルを解決するために、昼休みがなくなりました。昼休みに松島と一緒に遊ぼうとしていた子たち。昼休みに松島は日記にコメントしようとしていました。つまり、本来、日記でコメントを書いてもらえるはずだった子たち。「死ね」という悪い言葉がこれだけの不幸な未来をつくったということです。

　教室はシーンした状態になっている。
　「死ね」と言った子に聞く。

> 「死ね」ということで多くの人が不幸になると思って言いましたか。

　彼は大きく首をふる。
　大きく首をふった時に、彼に伝える。

> 「今日、大切なことを学んだね」

である。
　この一言があるかないかで、彼のこれからの行動に違いがでる。
「悪い言葉を使うんじゃない！」

と怒鳴りつけ、その場だけ反省させても、根本的な問題解決にはならない。「死ね」という言葉が悪いことは知っている。

　しかし、知っていてもなぜ、「死ね」が悪いのかを理解していなければ同じ失敗を繰り返す。

　もちろん、1回指導しただけで、二度と「死ね」と言わないようにはならない。

　だからこそ、何度も変化をつけながら語り、諭すのである。

　それが、教師の仕事である。

4　よい言葉を使って明るい雰囲気にする

　悪い言葉を言わせたままで終えると、教室の雰囲気はよくない。

> イラッとしたときに、どんな言葉を使えば不幸にはならないでしょうか。

・まっ、いっか。・ありがとう　・ドンマイ　・次はよろしくね
などが出る。

> 今出た言葉で不幸になる人はいますか？

　誰も不幸にならないのである。

　つまり、同じ出来事が起きたとしても、自分がどんな言葉を使うかによって、
【幸せな人が増えるか、不幸な人が増えるか】
が決まるのである。

> 言葉が自分の未来をつくるのですね。これからどんな言葉を使っていきますか。

と言い、授業を終える。

　実際に、ロールプレイでイラッとした場面を再現しながら、楽しく、よい言動を教えていく。

ワンポイントアドバイス

　子供がトラブルを起こしたときに、いかに「成長するチャンス」と考えることができるか。どうしても「何でこんなことしたの」「高学年なのに」と問題を起こした際に、感情的に叱って解決しようとしてしまう。冷静に、どうすれば暴言を吐かなくなるかを語り諭すことが大切である。

ちょっと待って、その言葉！ どう指導する？③ やんちゃ男子編

100％を求めない。
直そうとする心を認め育てる

1 どうしても完璧を求めてしまうのが教師

　子供たちに、言葉の大切さを教える。
「悪い言葉を使わないようにしよう」
と伝える。
　1回伝えて、全員の子供たちが悪い言葉を使わなくなるなんてことは絶対にない。
「面倒くさい」「うざい」「最悪」
と日常的に使っている子であればなおさらである。
　授業中に悪い言葉を発した子に対して、よくやってしまうNG指導が、「完璧を求める」指導である。

> 「もう二度と同じことは言っちゃダメだよ」
> 「絶対にそういう言葉は言ってはいけない」

という指導である。
　もちろん、悪い言葉に対して、「よくない」と伝える必要はある。
　しかし、「二度と」や「絶対」を守らせるような指導を私はしない。完璧を求めようとすると、教師も子供も苦しくなるのである。

2 そもそも悪い言葉を直したいと思っているのか

　まず、その子自身が、悪い言葉を直したいと思っているかを確認する。
　そもそも悪い言葉を言わない自分になりたいのかがなければ、悪い言葉を直そうとはしない。悪い言葉を使っている子自身が、直したいと願っているのかを確認することが出発点である。
　私は、悪い言葉を使ったときに、個別で話をする。
　ある男子との会話の場面である。彼の口癖は「最悪」であった。
「A君は、最悪って言ってもいいと思う？」
「ダメだと思う」

　ここで「ダメだと思う」と言ったら褒める。

「おー、わかっているのかー。結構、最悪を使ってるって思う？」

と聞くと、「はい」と答える。

「直したいなーと思っている？」

「はい」と答える。

「先生も言葉が悪いときがあって、なかなか直せないんだよな。悪いってわかっていてもなかなか直らないのが口癖。悪いと思っているけど、ついつい最悪って言ってしまっていない？」

「はい」

彼の顔がちょっと明るくなっていることがわかる。

「一緒に悪い言葉直していこうぜ！」

「はい」

「じゃぁ、1日何回までにする？　50回くらい？」

と聞くと、

「2回です」

と答えた。

「大丈夫？　目標高くない？」

「いけますよ」

と嬉しそうに、紙に目標を書いていた。

　なぜか、この紙は、教師席の後ろに1年中貼られていた。彼の直したい行動が次々と書かれ増えていく。どの子も悪い部分を直したいと願っているのである。

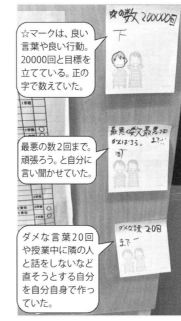

☆マークは、良い言葉や良い行動。20000回と目標を立てている。正の字で数えていた。

最悪の数2回まで。頑張ろう。と自分に言い聞かせていた。

ダメな言葉20回や授業中に隣の人と話をしないなど直そうとする自分を自分自身で作っていた。

その場で目標を書く。
いつも筆ペンを使っていた

👉 ワンポイントアドバイス

　心のコップをまず上向きにすることが何よりも大切であると考える。もちろん、悪い言葉を使い、人に迷惑をかけたことは厳しく指導する。しかし、すぐには直すことなどできないのが人間である。少しずつ、励ましながら共に成長していこうとする姿勢が子供にも伝わる。子供は成長したいのである。

9 ちょっと待って、その言葉！ どう指導する？④　高学年女子編 1/2

高学年女子の「タメ口」に
効果ある「一言」

1　思春期女子の気持ちを無視した指導

　20代の頃、高学年女子への対応が苦手だった。なぜなら、思春期女子の気持ちを考えていなかったから。

「女子から嫌われたらどうしよう」と思う先生もいるらしいが、私の場合は、真逆で力技の連続をしていた。

　例えば、タメ口で話しかけてきたり、とにかくダルそうな態度をとったりする子がいたとき、

> 「そういう言葉は使いません。雰囲気が悪くなります」
> 「ダラダラするな」

などの指導を繰り返していた。

　笑顔でなく、怖い顔で、舐められないようにしていたのだ。

　結果どうなるか。

> 関係性が悪くなる。

　関係がよくないと、ますます、態度が悪くなる。

　その態度に対して、また強く叱責する。負の連鎖を生んでいた。

2　言葉の裏側にある感情を考える

　もちろん、悪い言葉を使っていたら指導をしなければならない。しかし、力技の指導ではなく、

> 伝え方の工夫

が必要なのである。

　その子がなぜ、その言葉を使っているのかを考えるのである。

3　タメ口で話しかけてきたときの具体的な対応

　4月での出会い。子供たちは、新しい担任の元へやってくる。

「先生。何歳？」

「先生ってどこに住んでいるの？」

高学年女子あるあるである。

笑顔で対応しながら、伝えることがある。

「友達じゃないからね。言葉遣いは敬語のほうがいいよ」

である。

「敬語を使いなさい」

ではない。

「敬語のほうがいいよ」

と伝える。

クラス全体に敬語の話をする。

> 会社に入って社長に向かって、新入社員が、
> 「今日って、会議何時？」
> 「社長って、何が食べたい？」
> という口のきき方をしていたらどう思いますか。この人、きちんとしていないと判断されます。
> 敬語がきちんと使える人は、きちんとしている人と思われるのです。敬語って大切ですね。

次の日に女子たちが日記に「敬語頑張ります」と書いてきた。

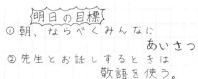

けいごがんばります!!(笑)
今日、先生にけいごを使って話そうねと言われました。明日は、けいごをつかえるようにしたいです。先生が話しているとちゃ

明日の目標
①朝、ならべくみんなに あいさつ
②先生とお話しするときは 敬語を使う。

次の日から、敬語を照れながら使っている姿があった。

頭ごなしに説教で伝えていた頃では、こうしたことを書いてくる子はいなかった。

伝え方を変えたからこその変化である。

> 「どんな教科が好きですか？」とか「子供の時、得意だった勉強は何ですか？」というように話ができる女子って素敵に見えますよ。

敬語を使っていることをさらに価値づけをし、強化する。

☞ ワンポイントアドバイス

タメ口で話しかけ、子供はおそらく教師の対応の様子を見てくる。1学期に毅然と対応しなければ、1年間タメ口で話しかけてくるようになる。子供との関係性も大切であるが、社会に出た時にきちんとした言葉を使える人になってほしいことを伝える。毅然と明るく、笑顔で敬語の大切さを伝えると子供は納得する。

10 ちょっと待って、その言葉！ どう指導する？⑤　高学年女子編 2/2

席替えで「先生の目の前イヤです」と言う子への対応

1　前の席は希望する特等席である

教室の前列は特等席であることを伝える。

教室の前列の語りである。

> 視力が低い人が前にくるのではない。
> 前列はどのような席なのか。
> 一流の講演家の講演会では、最前列が人気であり、少しでも近くで話を聞きたいとなります。
> 値段も前列が一番高いのです。
> 教室の前列も同じです。
> 学びが一番あるのが間違いなく前列なのです。

話をした後に、

「教室の前方を希望する人はいますか？」

と聞く。10名以上の希望者の手が挙がる。希望した子たち全員が最前列になれるわけではない。ただ、希望すれば、教室の半分よりも前の席となる。

2　希望したのにもかかわらず、ぶつぶつ文句を言う女子

自分で希望して教師席の前にきた女子。

自分で希望したのにもかかわらず、何やらぶつぶつ小さな声で文句を言っていた。

> 「この席、先生の近くだからなー。手を挙げなければよかった」

席替えのルールとして、文句を言った場合は、番号順に直すと伝えている。

さて、どう対応するか。

20代の頃であったら、

「席替えで文句を言った人がいました。席は番号順にします」

と対応したかもしれない。教室の雰囲気はどうなるか。簡単に想像ができる。

　文句を言った子は、責任を感じるだろう。そして、二度と席替えの時には文句を言わなくなるかもしれない。しかし、私との関係性は極めて悪くなるだろう。私は、その場では聞き流した。そして、日記のコメントで対応することにした。

> 席は大丈夫ですか？　何か問題があれば相談にのりますよ？

> 席のことですみません。心配してくれるなんて心が優しいですね♡　私、一番前というのが初めてで…なんかきんちょうしてもんくが出てしまいごめんなさい。私、先生の目の前の席でとってもよかったです。あんまりなれないですから、テレと当たってしまうことがこれからもあると思うのでそこはなんとかよろしくお願いします。聞き流してもらってもいいですよ♡テヘ♡

小さな声での文句は、照れ隠しだったのである。恥ずかしいと、思ってもないことを言ってしまうと自分でもわかっている。

日記のコメントで一言返した。

> 言葉にすると、「この席が嫌だ」と相手に勘違いされますよ。

　思春期の女子の心情である。
　彼女は、自分が思っていないことを口にしてしまう。
　私のコメントに対して、「そうなんです。自分の悪いところです」と日記には正直な気持ちを表現してくる。
　日記の内容と言動が違うのが、【高学年女子】でもある。
　気持ちには共感するが、自分の言動によって相手が勘違いをして、傷つけてしまうことも教える。口頭では伝えにくいことも、日記があることで伝えることができる。

☞ ワンポイントアドバイス

　高学年女子はわざと嫌味を教師に言ってくることがある。いろいろ話をしたい可能性がある。上手にコミュニケーションを取れない、取り方がわからないのである。だから、教えればよい。「損しているよ」「相手を傷つけているよ」である。「今の言葉は、傷ついたな。先生も人間だからね」と率直な気持ちを伝えることもある。

教室掲示の工夫から生まれる事実

「大切な言葉」は常に 見えるところに置いておく

1　大切な言葉を短冊にして教室に掲示

　４月から子供たちにいろいろ言葉を教える。

　一度伝えただけでは、忘れてしまう。

　教室に言葉を掲示しておくことにより、子供たちは何度も「大切な言葉」を見返すことになる。

教室の右側上部の壁に掲示した

2　「語りで伝えた大切な言葉」を掲示する

　ただ、言葉を掲示するのではない。

　今のクラスに必要だと感じたことを伝え、その「言葉」を掲示していく。

↑地球は行動の星を教えた黒板

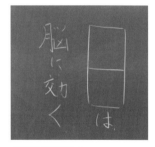

↑親切は脳に効く

穴埋め形式にして、授業しながら教えた。

> ○○は脳に効く。何が入ると思いますか。

子供たちからは、いろいろな意見が出る。
このやりとりが子供たちも楽しかったようである。
朝の会で行うことが多かった。

> 「親切は脳に効くです。しかも、親切にすると人から人に伝播するそうです。親切にされると親切をしたくなる。つまり、１人の親切がクラスに多くの親切をもたらしていくのです」

デイビッド・ハミルトン著の本を紹介する。
こうした話をした後に、
「信じるか信じないかは、あなた次第」
と付け加える。あくまで、１つの意見であることを伝えていた。

3　メモをし始める子たち

言葉の大切さを伝えていると、話をしているときにメモをする子たちが現れるようになった。

> 大切な言葉は、いつも目につくところに置いておくとよい

と伝え、教室に言葉を掲示していたからかもしれない。

メモをする子たちは、続々と増えていった。

話をし始めると、さっとメモ帳を出し、自分の気づきを書いている姿が当たり前となっていた。

> それは、みんながその話を聞いた時に、さっとメモ帳を出して、メモをする人がたくさんいたことです。

「長年使う予定のメモ帳」⑨❹ 8：18～8：42 キーワード「習わる」

1／26　今日の感想
今日は、メモ帳を買いました。前に日記で「学校にメモ帳を持ってきて、学べることをたくさん書きたい」と書いたけど まだ持ってきてませんでした。
というか、家にありませんでした。なので、メモ帳を今日買いました。このメモ帳を買ったからには、初めから終わりまで、びっしりとメモのことで埋めたいです。
メモ帳の中にある紙の数をだいたいで数えたら、６０～７０枚くらいあったので、大変だとは思うけど、全部埋められるように、がんばりたいです。
このメモ帳は、６年生以内には使い切れないと思うので、中学校に行って中学生になっても使っていきたいなと思っています。

1／25　〈メモ〉
今日、先生が話していた。そのとき、ふと横を見た。そしたら、メモをしている人がいた。私も、書こうと思った。だけど、人目をきにしてしまい書けなかった。メモは、自由に書く。人目をきにしないでメモをちゃんととっこいた。私も、意識してメモを取ろうと思う。思うだけではなく、行動をできるように、つねにメモ帳を取りやすいところにおこうと思う。メモを取ると聞いてわすれているところも、メモをしてると覚てる。それも考えてやろうと思う。

> メモをしている子たちに刺激を受けて、自分もやってみようと思う子たちが増えた。メモを取ることを強制はしないことがポイントである。
> やらされ感のある活動は、子供たちの意欲を奪うことになる。

4　机の上に言葉を貼る

机の上に何やらメモが貼ってあった。

書いてあることを見ると、自分の目標や自分に必要であると考えた言葉が書かれていた。

> 大切な言葉は、いつも目につくところに置いておくとよい

からの学びを生かした行動である。

授業に支障が出ないようにすることを約束として許可した。もちろん学校の事情により、机の上に貼ってはいけないということもあるだろう。

臨機応変に対応すればよい。私は、自分で考えて行動したことに価値があると考え許可した。

5　1年間で30個以上の言葉をずらっと掲示

【掲示した言葉】

「美しい言葉の力」「行動のスピードはやる気のバロメーター」「男女の壁をなくせ」「地球は行動の星」「テストジャンパー」「心を温める挨拶」「ファーストペンギンになろう」「自分の役割を果たす」「掃除は心を磨く時間」「凡事徹底」「メリハリ」「努力のつぼ」「続けると本物になる」「感謝の心」「挨拶・ゴミ拾い・締め切り」「素直な心」「親切は脳に効く」「好感度を高める」「点がやがて線になる」「1日自分ほめ」「一日一善」「共感力を高める」「正しい自由」「リーダーは逃げない」「当事者意識」「自信をつけるには1つを続けること」「価値ある行動にする周りの言動」「自分の行動が世界を変える」「イノベーションは工夫した行動から」「一人もえの行動こそインフルエンサー」「失敗は自分の責任」「自分の言葉に愛はあるか」「人生を変える雑用力」「全力を出しているか」「もうダメだ、ではなく、まだダメだ」

> 「家でも同じように言葉を飾っています」

卒業生からの手紙に書かれていた言葉である。

ワンポイントアドバイス

　言葉を教室に掲示することが大切なのではなく、子供たちに必要な言葉を伝えられたかどうかが大切である。なぜ、子供たちがメモをしたくなったのか。子供たちへのメッセージが届いたとき、子供たちの行動が変わる。「説教ではなく語る」長谷川博之先生から学んだことである。

整理整頓で変わる子供のメンタル

整理整頓すると心がスッキリの実感が必要

1 教室環境が子供に与える影響

　荒れたクラスの教室は雑然としている。ゴミがあちらこちらに散らかっているのである。落ちているゴミにも、ぐちゃぐちゃなロッカーにも、子供たちは一切気づかない状況になる。

言葉が悪い＝教室環境も汚い

喧嘩が多い＝教室環境も乱れている

　環境が子供の心に影響を与えることは間違いない。

　教師が放課後に、落ちているゴミを拾い、ロッカーを整える。もちろん、次の日のために環境を整えておくことは大切であるが、次の日も同じ状況となる。なぜなら、教師だけが教室環境を整えているからである。

　いかに、

子供たち自身が環境を整えようとするか

が大切である。

「整理整頓しなさい」「片付けないさい」

と叱責でやらせてもダメである。

　子供たち自身が「環境を整えたい」と欲するような気持ちになってこそ意味がある。

2 美しい場所に心地よさを感じるから変わる

「整理整頓されていたほうが、気持ちがいいよね」

「掃除を一生懸命やると気持ちがいいよね」

といくら言葉で伝えても、子供たちには響かない。

　なぜなら、自分の経験として実感していないからである。

　特に、身の回りを整理整頓する習慣を身につけていない子はなおさらである。人は、ゴミが散乱し、整理整頓されていない教室でずっと過ごしていると、それが当たり前となり違和感を感じなくなる。

教室の汚れや整理整頓されていない場所に、まずは気づけるメンタルを育てることが必要であり、美しい教室であることへの心地よさを体感させることが第一歩である。

　環境を整えることは、心を美しくすることにつながることを実感しつつある子供の日記。

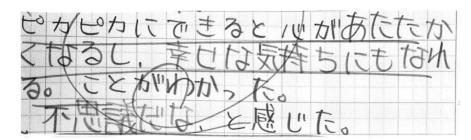

　自分の心だけではなく、きれいにすることによって周りの人の心にも影響を与えることを体感する。

　次の子の日記は、教室の床がきれいになって着替える時にいい気分になったという。だから、自分も体育館をきれいに掃除したいと書いている。

　環境を整えることは、気持ちがよいことと実感するから、行動しようとする。

　どうして整理整頓したり美しい教室にしたりする必要があるのか。手を変え品を変え、伝えることで、子供のメンタルは変わる。

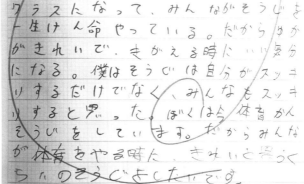

ワンポイントアドバイス

　教室環境を整えることは大切であるが、何も指導しないと、あっという間に教室は汚くなる。子供たちに「どんな教室で過ごしたいか」を考えさせ、美しい環境での学習の心地よさを実感させる。必要感があるからこそ、子供たちは環境を整える習慣を身につけようとする。

環境を整えることの大切さを伝える語り

「別に整理整頓しなくても
いいじゃん」に対応

1　納得していないから反発する

　身だしなみを整える、机の周りをきれいにする、履物を揃える、椅子をしまう、かかとを踏まない、身なりを整える。

　A君が、整理整頓せずに、机の周りに荷物が置きっぱなしだったり、自分が脱いだものをぐちゃぐちゃに置いたりしている。

「片付けなさい」

と指導すると、

「誰にも迷惑をかけていないじゃないか！」

と反発してきたらどう対応するか。

「迷惑かけています。荷物が置いてあったら別の人がここを通れません」

「わかったよ。じゃぁ、机の上に置けばいいんだな」

「そういうことじゃない。きちんとたたみなさい」

「はー？　これなら誰にも迷惑かけていないだろ？　どうしてたたまなくちゃならないんだよ。面倒くせーな」

「学校のきまりです。脱いだものはたたむのです」

　こんなやりとりをしたことはないだろうか。

「学校のきまりだから……」

　この言葉を嫌う子は多いのではないだろうか。

　反抗的な態度をとっている子は、

「そんなきまり知らねーし」

となる。

　私もこのような対応をして失敗したことがある。

　結局、私が、環境を整えることの意義を伝える力がなかったのである。

　頭ごなしに指導しても、納得しなければ、子供は自分から進んで環境を整えようとはしない。

2 どうして環境を整えなければならないのか

なぜ、学校で環境を整える必要があるのか。

長谷川博之先生の『学級通信365日全記録』（学芸みらい社）に生徒の心に響く語りのヒントが掲載されていた。

長谷川博之先生は、以下のように語られる。

> その場にいる人間が努力して創り出している雰囲気を壊し、大事にしている文化を汚している。

> 表情も言葉も身だしなみも自分を支え、助け、共に生きる人へのリスペクトなのだ。

つまり、誰にも迷惑をかけていないことなんてない。

> クラスでつくり上げている文化を汚している行為

なのだ。

3 集団の教育力を使う

環境を整えるということは、周りの人のことをどれだけ考えているかを表しているということになる。

> 写真を見た感想を言います。

よい気持ちになる人は誰もいない。自分のクラスの写真を使うこともあれば、過去のクラスの写真を使うこともある。整理整頓されていないと、教室の雰囲気が悪くなることを視覚的に教える。

☞ ワンポイントアドバイス

「整理整頓しなさい」と指導せずに、「どうすれば整理整頓するようになるか」を考えた結果が、語りや写真を掲示するという指導になる。なぜ、整理整頓しようとしないのかを考えることが指導の出発点となる。子供の行動が変わる語りや指導を工夫し続けることが大切である。

進んで環境を整える習慣が身につく指導①　掃除編

掃除の評価を工夫する
教師がワクワクすること

1　自分の掃除に点数をつけさせる

　掃除が終わって全員が教室に戻ってくる。
「さっき掃除中にふざけている子がいました。どうしてちゃんとやらないの」
　叱責しても、数日経つとまた同じことの繰り返し。
　私は、叱責ではなく子供たちに考えさせることにしている。

> 　自分の今日の掃除は合格でしたか、不合格でしたか。

　子供たちに自己評価させる。
　ここで大切なのは、「評価基準」である。
「評価基準」がなければ、点数をつけても意味がない。
　例えば、

・時間通りに掃除を開始できていたか。
・自分の担当場所が終わってから手伝うことができたか。
・無駄なおしゃべりをせずに掃除ができたか。
・汗をかく掃除ができたか。（長谷川博之氏実践追試）

などである。
　自分自身で自分の掃除を評価させる。さらに、

> 　明日の掃除はどのように取り組みますか。

　目標を確認する。
　そして、
「明日も聞きますね」
と次の日にもチャンスを与えることも大切である。

2　教師の行動が評価基準となる

　掃除が終わって全員が教室に戻ってくる。

> 　掃除の時間、先生は皆さんにどんな声がけをしましたか？

　次々と発表する。

「頑張っているね」

「ありがとう」

　私は、みんなの掃除場所を回って、何を見ていると思いますか？

「真剣に掃除している姿」

「一生懸命にやっているか」

「掃除の雰囲気」

「掃除への取り組み方」

などが出る。

　「私が見ているのは、汚れです」

と告げた。

　全力で掃除をしていたら汚れはなくなります。各掃除場所のポイントを見れば、一生懸命に掃除をしているかがわかります。
　掃除の場所にきて、私が一緒に掃除するときとしないときがありますね。
　なぜ、手伝うときと手伝わないときがあると思いますか。

（あれ、すぐに行ってしまったな）

（どうして先生は私の掃除手伝ってくれないのかな〜）

と思っている人もいるかもしれない。

　私が、一緒に掃除をするということは、
　その場所の掃除がまだまだ足りない

ということなのだ。

　つまり、掃除を手伝われない人というのは、

掃除を任せることができる

ということになる。

　掃除を頑張っている人は、後ろ姿でわかります。雰囲気でわかります。
明日も皆さんの掃除、楽しみです。

　掃除の時間になり、私が手伝おうとすると、

「先生大丈夫です。私がやります」

と必死に掃除をする姿があった。その姿勢を力強く褒めた。

ワンポイントアドバイス

　環境を整えることが大切だとわかっても実際に行動することは簡単ではない。どうしても掃除時間になると集中できず遊んでしまったり、適当な掃除をしてしまったりする子がいる。叱責ではなく、どうすれば掃除に取り組もうとするかを考えるから工夫が生まれる。この工夫を楽しみながらやる。

進んで環境を整える習慣が身につく指導②　授業準備編

「授業準備を進んでやろう」と
意欲を高める指導

1　チャイムが鳴っているのに……

「キーンコーンカーンコーン……」

　チャイムが鳴っているのに、席に着かずに遊んでいる子が数名。机の上には、前の時間の教科書が散乱している。

「チャイム鳴っているんだよ。授業準備しておきなさい」

　叱責での授業スタート。これで終わればよいが、ここから長い説教をしてしまう。

「いつも言っているでしょ。どうしてできないの」

　教室の空気はどんより重たくなる。

　4月は、きちんと準備して待っていた子たちもだんだん準備しなくなり、教室は荒れていく。

「何が悪いのか……。授業準備しろと何度も言っているのに」

　改善の気配がない。

2　注意ではなく確認すればよい

　どうしてもチャイムが鳴った時に、きちんとやっていない子に目がいってしまう。

（ハッとした）

　きちんと授業準備をして待っている子たちがいるのである。

　授業準備をしている子たちを確認するだけで、教室の空気はガラッと変わる。

　そのためには、

> いきなり授業に入ることがポイント

となる。

　前置きせずに、

> 「日付をノートに書いたら持ってきなさい」

と指示を出すだけである。

　準備してなかった子は、慌ててノートを出して書きだす。

　準備をきちんとしてた子は、すぐに持ってくることができる。

> 「先着10名」

など変化をつけると、

「待ってください」

とさらに、急いで準備し始める。

　注意せず、確認するための「作業指示」を出しただけである。

　授業準備をしていないと損をするという経験をさせるのである。

3　準備していることを褒める

(1) 準備している子を個別に褒める

　休み時間のうちに写真のように教科書とノートを開いて準備している子がいる。

　日付もページ番号も書いてある状態である。

「Aさんはきちんと授業前に準備をしていて立派だな〜」

と全体の前で取り上げて褒めることもある。

　さらに、写真にあるように、ノートに付箋を貼って褒めることもある。

　付箋には、

「Aさん。計画的に準備。素晴らしい。考えて行動が立派」

と書いた。

　嬉しそうにこの付箋をノートに貼り付けて、次の時間も休み時間中に授業準備をしていた。

(2) 真似した子を褒める

　1人を取り上げ褒めると、必ず真似をする子がいる。この真似をした子を見逃してはいけない。そして、真似した子に対しては、授業準備したことはもちろんであるが、

真似したことが偉い

と褒める。

　真似ができる人は、「素直さ」があるということである。

　真似した子を次々と褒めることによって、授業前に授業の準備をすることが当たり前の空気ができ始めてくる。

　1時間目の授業終了と同時に、2時間目の授業の準備をしてから休み時間にする子が増える。

(3) 授業の開始と同時に確認し、褒める

　算数の時間。チャイムと同時に
「ノートと教科書が開いてある人？（手を挙げさせる）」
「ノートにＡと書きなさい」
と言うと、
「イェーイ！」
の声が上がる。

　たたみかけるように、
「下敷きが入っている人？ Ａ」
「イェーイ！」
「日付が書いてある人？ Ａ」
「イェーイ！」
「鉛筆削ってある人？ Ａ」
「イェーイ！」
「今日の算数頑張ろうと思っている人？ Ａ」
「イェーイ！」
と次々と確認していく。
「明日も確認しますね」
と言って、次の日もチャンスを与える。

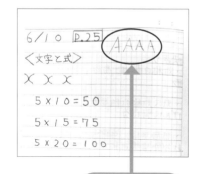

ノートに記録。嬉しそうに書いている姿が微笑ましい。

　ただし、毎日はやらない。マンネリ化するからである。

　授業準備をしておくことが当たり前になるまで、不定期に行う。

⑷ 自分で準備ができない子への対応

　あの手この手をやっても１人２人準備をしない子がいる。写真のように教科書は出したが、ノートが出ていなかったり、日付を書いてなかったりする子がいたらどうするか。

> 私が準備をする

である。

　もしくは、

> 私と一緒に準備をする

である。

　私が準備しておけば、彼は授業開始と同時に、授業にスムーズに取り組むことができる。

　準備することが目的ではなく、授業をきちんと受けられるほうが大切である。

　授業開始と同時に、全体に指示を与えるためには、彼が準備しておくことが必要である。

　彼の準備を待っていたら全体が遅れる。

　彼が自分で準備できるようになる力は、また別で指導すればよい。

> 「準備してあるときとないとき。どっちのほうが授業受けやすい？」

「準備してあるとき」と答える。
授業準備しておいたほうが快適であることを、一緒に準備することで体感させることも大切である。

✍ ワンポイントアドバイス

　次の時間の授業準備。チャイムと同時に、授業を開始するために必要なこと。チャイムが鳴ってから、１分、２分の準備時間を使うのは非常にもったいない。時間の大切さを教える必要がある。１時間１分の無駄で、１日６分。年間1200分である。全員が準備していないと1200分の無駄が生じる。

5　進んで環境を整える習慣が身につく指導③　持ち物編

忘れ物をしない習慣は
簡単には身につかない

1　筆箱の中身を整える

　集中して授業に取り組む上で筆記用具は重要である。勉強が苦手な子ほど、筆記用具が揃っていなかったり、筆箱の中に勉強に関係がないものが入っていたりする。例えば、バトル鉛筆や匂い付きの消しゴムなどである。筆箱の中身を整えることは、よい学習習慣を身につけることにつながる。

2　「学習用具のきまり」でルールを明確にする

　毎年、河田孝文先生から教えていただいた「学習のきまり」を追試している。

　1年生から6年生まで同じ形式（学年の実態に応じて、細かい部分は年度当初に確認し修正）で「学習用具のきまり」を作成し、全校で共通理解して指導をした。毎年、持ち物のルールが変わるのではなく、学校全体で「共通理解」して取り組めると、より習慣が身につきやすい。簡単には身につかない。

　4月、9月、1月の学期の最初に配付し、定期的に確認する。

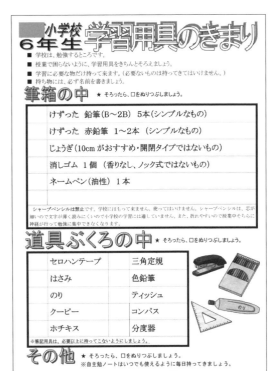

3　忘れ物にお説教は効果なし

　忘れ物をした子に長いお説教をしてはいけない。

　いや、してはいけないというより、しても意味がないのである。私自身がそうであった。

　忘れ物ばかりしていた。

　その度に、お説教をされ続けた。

　しかし、私の忘れ物をする癖は直らなかった。なぜか。

> 忘れ物を防ぐ方法がわからない

からである。

　忘れ物をし、叱られるの繰り返し。

つまり、忘れ物をした後のお説教では改善しないのである。

必要なのは、

【どうすれば、これから忘れ物をしないかを考えること】

である。

4　短い時間でスパッと確認し、次の行動を考えさせる

> 持ち物チェックをします。
> 削った鉛筆が５本。
> 全員起立。
> ある人は座ります。

　立っている子たちに聞く。

> どうすれば、明日持ってこられるか連絡帳に書きなさい。

「家に帰ったらすぐやる」

「朝、学校で先生に報告する」

「友達にチェックしてもらう」

など連絡帳に書いている。

　忘れ物を防ぐ方法は、さまざまあるだろう。

　自分で考え、実行してみる。

　忘れ物をしない方法を自分で身につけることが、何より大切であると考える。

　忘れ物をしない子に、工夫を聞いてみるという方法もある。

Aさんは忘れ物をほとんどしません。
何か工夫をしていることはありますか。

「自分の机の目の前に、学習のきまりを貼って毎日確認しています」
と答える。

同じようにやっている人？

と、聞くと、数名が手を挙げる。手を挙げている子は、忘れ物が少ない子である。

　忘れ物が少ない人は、少なくなる工夫をしているということを教えるのである。

5　名札を忘れ続けていた男子の工夫

　名札を家に忘れ続ける男子がいた。
　朝確認すると、
「あっ、今日は持ってこようと思ったのに……」
「机の上には出したんですよ。本当ですよ！」
必死に説明してくる。
　私は、
「信じているよ」
と伝える。
　それとともに、社会に出たら、通用しないということも伝える。

「大切な書類を忘れたときに、家の机の上に出しておいたんです、と言っても相手からの信頼は失われたままです。下手したらクビになります。忘れ物をしない習慣を自分で身につけなければ、損をするのは全て自分です。どうすれば、明日持ってこられるようになりますか」

　試行錯誤した結果、彼が出した答えは、

「先生、家に電話してくれませんか。家に帰ると忘れてしまいます」

　意外な答えにびっくりしたが、
「よしわかった」
と電話をすることにした。
　家に電話をかけると、お母さんが電話に出た。お母さんは、
「先生に手間をとらせてすみません。ちゃんと名札を持っていかせます」

と申し訳なさそうに話をする。このままでは、彼は母親から叱られるだろうと思ったので、
「忘れ物をしないための彼なりの工夫です。褒めてあげてくださいね」
と伝えた。
　次の日、彼は自信満々に名札を私に見せてきた。
「お母さんに叱られなかった？」
と聞くと
「褒められました」
と誇らしげに言っていた。忘れ物をしないように、誰かに頼るという方法もあってもよいと私は考える。

6　教室に貸し出し用の筆記用具を常備する

　学習のきまりにある筆記用具セットを教室に常備している。
　忘れ物をした子が使えるようにする。
　鉛筆がない、赤鉛筆がない、消しゴムがない状態で授業を受けたら間違いなく学習効果は下がる。

学習指導と生活指導は分けて指導する

のである。
「忘れ物をしたのは自業自得。鉛筆なしで授業を受けなさい」
　こんな冷たい教師にはなってはいけない。
　誰だって忘れ物はするのである。
　子供の学習環境を整えるのも教師の仕事なのだ。
「はい、これ使ってね」
と貸し出せばよい。
　忘れ物をしない習慣を身につけるには時間がかかる。すぐには改善しないからこそ、貸し出す必要がある。

ワンポイントアドバイス

　何も指導せずに学習用具を準備できる子もいる。教師の仕事は、準備できない子にどう指導するかである。「ちゃんと準備しろ」と言ってできないから忘れ物をし続けるのである。忘れ物をしない習慣を身につけさせるために試行錯誤する気概が教師には必要なのだ。楽しく子供と工夫するのである。

進んで掃除をするメンタルが育つ指導

楽しくするかどうかは、全て自分の思い次第

1　楽しくなる方法を考える大切さを教える

　学校評価のアンケートがある。
　項目に

> 学校は楽しいですか

とある。
　私は、

> 学校を楽しくするかどうかは自分が決める

と考えている。
（もちろん、学校を楽しくできるのは教師の力が大きい）
　しかし、たくましい子供たちになってほしいという理由から、子供たちには伝える。

> 　学校が楽しくないと思うなら、楽しくなる方法を自分で考えよう

である。
　『同じ勉強をしていて、なぜ差がつくのか？「自分の頭で考える子」に変わる10のマジックワード』（石田勝紀 著）に書かれていたこと。

> 　「ことあるごとに「楽しいね〜」という言葉を出していくと、楽しさというものが実感できる場合があります。しかし、楽しくもないのに「楽しいね〜」という言葉を使うのは、抵抗を感じるかもしれません。そんなときは、「どうすれば楽しくなるか」を考えます。事実は一つでも、考え方一つで楽しくなっていくものです。

　子供たちにも伝えた。

2　掃除の時間が楽しくなる工夫をする子

　すると、掃除で工夫する子たちが現れた。

　掃除道具やトイレの便器に名前をつけているのである。

　１人が始めると、次々と。

　水道、便器の輝きが物凄いことになっている。

「掃除が楽しい」

　こうした声が上がる。誰が楽しくしたのか。全て自分。

　自分の気持ちは全て自分がつくり出せることを教えると、子供たちは予想以上の発想をしてくる。

　自分で工夫して取り組むから、進んで掃除がしたくなるのである。

　教師は、取り上げ、全体に紹介をすればよい。

【掃除を工夫している子たちの日記】

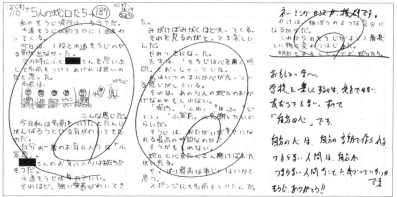

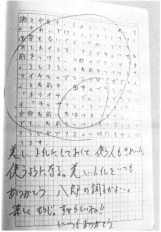

3 掃除で「何を工夫していたのか」予想させる

> 　Aさん、Bさん、その場に立ちなさい。あなたたちの掃除の仕方は素晴らしいです。名前をつけて黙々と掃除をする姿。まさに、下級生の手本となっています。かっこいいです。私も心が気持ちよくなりました。ありがとう。

のように、掃除を頑張っている子をクラス全体の前で紹介して褒めることもある。
　他にも、

> 　AさんとBさんが掃除の仕方を工夫していました。
> 　どんな工夫だったと思いますか。

　次々と子供たちから意見が出る。
「ゴミ箱をどかして掃除していた」
「自分の担当以外も掃除をしていた」
など、子供たちから意見を出させることで、掃除中にしたほうがよい工夫を全体で共有することもできる。
　全ての工夫に対して、
「とってもいいなー」
と笑顔でリアクションをすればよい。
　意見を出し尽くさせたところで、AさんとBさんに発表させる。
「水道や便器に名前をつけていました」
　教室爆笑である。
　やんちゃ男子が、
「俺も名前つけよー」
と反応していたので、すかさず褒めた。

4 真似しようとしたことをすかさず褒める

　水道や便器に名前をつけて掃除をしている子がいたときに、全体の場で紹介する。クラスの子たちが
「どんどん紹介してください」
となっているかは重要である。4月はそうではなかった。
「紹介してもいい？」
と聞くと、

「やめてください」

と紹介されることを拒んだ。なぜなら、周りからばかにされるからである。

よい行動をクラスに広めるには、周りが受け入れる空気がなければならない。

　こうしたとき、私はよく、もしもシリーズの話をする。

> もしも悪いクラスだったら、水道や便器に名前をつけた子がいたら、周りはどんな言動をしますか。

次々と悪い言動が出る。

　こういうとき張り切るのがやんちゃ男子である。

> では、よいクラスだったら周りはどんな言動をしますか。

「いいねー」「真似しよう」「最高じゃん」「素晴らしい」などの言葉が出る。

　こうしたことを１つ１つ教えるから、よい行動を紹介されたいというメンタルが育つ。

　女子の頑張りを素直に男子も受け入れ、掃除の時間に名前をつけながら一生懸命に掃除をする。

【掃除を楽しむ子供たち】

 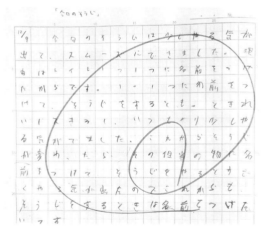

👉 **ワンポイントアドバイス**

　学校で無言清掃というルールがある。「掃除の時間は話をしない」と頭ごなしで叱る。子供たちは進んで掃除はしない。掃除でどんなことを学ぶのか。掃除の時間でどんな力を高めるのか。工夫する力、貢献する力、協力する力……。毎日ある掃除の時間の取り組み方次第で、子供のメンタルは大きく変わる。

7

快適な教室環境をつくり出す裏技シリーズ

教室に準備！
便利アイテム「ベスト5」

1 いつでもすぐに印刷&スキャン可能 A3プリンター

　教室にプリンターが1台あるだけで、本当に快適になる。
「1枚プリントが足りない」
「教科書忘れました」
ということは、学校ではよくある。その場合、職員室まで行き、印刷する必要がある。しかし、教室にプリンターがあれば、その場で印刷可能。

　なぜ、A3プリンターがよいのか。

　それは、教科書見開きやノート見開きを印刷できるからである。私は、参考になる子供のノートをカラーコピーして教室に掲示していた。

　スキャナーで読み込む際にもA3サイズだと便利。

2 いつでもどこでも音楽を！ ポータブルワイヤレススピーカー

　スマホがあれば、いつでもどこでも音楽を流すことができる。しかし音量が小さい。教室全体、体育館、校庭でも使用することができるポータブルワイヤレススピーカーがあると便利。私は、BOSE（SoundLink Revolve+ II Bluetooth® speaker）を使用している。体育の時間でも休み時間の校庭でも快適に音楽を流すことができる。朝、クラシック音楽を教室にかけておくと気持ちよく1日をスタートすることができる。

3 すぐに画面で紹介！ Apple TV

　スマホやタブレットで撮影した写真や動画をすぐにテレビに映すことができる。もちろん、教科書の画像や写真を掲示することも可能。ケーブルでつ

ながなくてもAirPlayという機能を使えば、画面から離れた状態でも掲示ができる、授業が劇的に変わるアイテムである。

4　時間の目安を視覚化　砂時計

　時間を計測するときにタイマーを使用することがある。タイマーを使うこともあるが、私は、砂時計を教室に置いている。1分、3分、5分、10分、15分、30分の6個セットのものである。集中が続かない子がいたときに、
「何分休憩する？」
と砂時計の中から選ばせた。
　砂時計をジーッと見つめながら。砂が落ちた瞬間に
「充電完了！」
と伝えると集中して授業に戻ることができた。
　砂時計はさまざまな場面で使えるおすすめアイテムである。

5　とっさの自習にも対応可能！　難問とペーパーチャレラン

　クラスでトラブルが起きてすぐに対応しなければならないときや、隙間時間ができたときにあると便利なのが、難問とペーパーチャレランである。私は、4月に難問プリントとペーパーチャレランを印刷して常備しておく。すぐに使えるようにしておくと非常に便利である。

←東京教育技術研究所から申し込み可能

1年〜中3までラインナップ
1冊あると便利
（学芸みらい社）→

✋ ワンポイントアドバイス

　職員室の印刷機が1台増えただけで職員の勤務時間が短縮したという。便利な道具はどんどん活用している。常に、仕事を効率化する方法を考える。最新の機材の情報は常にキャッチする習慣をもつことが大切。自己負担ではなく学校予算で購入していただけないか提案するのも1つの手。

仲間を大切にすることで変わる子供のメンタル

よいクラスかどうかは、 男女の仲のよさを見ればわかる

1　よいクラスの条件とは

　よいクラスの条件の１つ。
それは、
【男女の仲がよい】
ということである。
　男女の仲がよい状態の目安
・休み時間に男女で遊んでいる。
・男女関係なく話をする。
・「３人の人と意見を交換しなさい」と指示を出したときに、男女関係なく
　意見交換ができる。
・席替えをしても文句が出ない。
などである。
　クラスの雰囲気が悪いクラスは、男女の仲が悪い。
　つまり、男女の仲をよくするような手立てを行うことによって、クラスの
雰囲気はよくなっていくのである。

2　なぜ、男女で仲が悪くなるのか

　そもそもなぜ、男女で仲が悪くなるのか。
　男女で仲が悪くなる原因があるのである。
　特に、高学年になると多くの学校で見られる現象がある。
　それは、
「お前たち、付き合っているの？」
「○○ちゃんが好きなの？」
である。
　男子が女子に普通に話しかけただけなのに、
こうした冷やかしがあるのである。
　思春期であれば誰もが経験したことがあるだろう。

男子が女子に話しかけると、

お前たち付き合ってるの？

男子、まじ最低。

女子、むかつく。

私も小中学校の時にあった。

周りの雰囲気がそうなると、男子は女子に話しかけにくくなる。

3　4月の最初に男女が仲よくすることを教える

子供たちは、男女で仲よくなることを望んでいないのか。

いや、望んでいるのである。

本当は、男女で仲よくしたいのである。

しかし、周りの環境が仲よくできないようにさせてしまっている。だから、教師がいち早くここにメスを入れる。

私は、このように語る。

よいクラスは、例外なく男女の仲がよいです。男女関係なく挨拶もするし、休み時間も遊びます。

男女仲よいクラスにしたいと思いませんか？　でもね。前のクラスでこんなことがありました。ちょっと、男子が女子に話しかけると、

「お前、○○ちゃんが好きなの？」と冷やかすのです。冷やかされたら、次から、この子はどうなると思いますか？　そうです。もう女子には話しかけません。どんどん男女の仲が悪くなっていくのです。男女で話をすることは素晴らしいことです。それを冷やかした瞬間にクラスの雰囲気は悪くなります。

4月の日記　子供たちは男女の壁を壊したいと考えている。いかに、男女の壁を壊して良いクラスにしたいという気持ちにさせるか。

この話を、子供たちは「うんうん」と頷きながら聞く。

なぜなら、こうした経験があるからである。

男女の壁が一度できてしまったら、教師しか壊すことができないのである。4月最初に指導することが、1年を決める。

☞ ワンポイントアドバイス

「思春期」というキーワードを子供たちに伝える。「思春期」に、異性が気になることは当然である。好きな人ができたり、話しかけにくくなったりするのは自然なことである。だからこそ、意識的に行動しなければ、男女の壁ができてしまうことも子供たちに伝える。

2 仲間を大切にすることを伝える語り

仲がよいから挨拶するのではない。挨拶するから仲よくなる

・・

1　女子となんて挨拶できないという男子

　4月。

| 「朝、登校したら挨拶すると気持ちがいいね」 |

という話をした次の日。

　大抵のクラスであれば、「おはよう」の声が飛び交う。

　しかし、私の目に飛び込んできた光景は、

| 　男子は、女子に全く挨拶しない |

であった。

　この時に絶対にやってはいけないのは、

「挨拶くらいしなさい」

と説教することである（なぜ、挨拶しないのか考える）。

　私は、彼に理由を聞いた。

　彼が言った言葉。

「女子となんて挨拶できない」

であった。

　私は、

「え⁉　なんで？」

と驚きながらさらに聞く。

　すると、彼は、

「だって、女子と仲よくないから」

と答えた。

　私が、彼に伝えたのは、

「ありがとう」

だった。なぜか。

| 　正直な気持ちを伝えてくれたからだ。 |

　そして、

「ありがとう。朝の会の話が決まったよ」

と感謝を伝えた。

2　仲がよいから挨拶するのではない

その後の朝の会で私が伝えたこと。

　仲がよいから挨拶するのではない。
　仲がよくないから挨拶をするのです。
　挨拶が、関係をつくる第一歩です。
　仲がよい子とだけ挨拶していたら、一生友達は増えません。

「確かに・・」
とつぶやく声が聞こえた。
　少しずつ、子供たちの中にある当たり前の薄皮を1つ1つ剥がしていった。
　次の日。
　恥ずかしそうにしながらも、男女で挨拶している子が少し増えた。
　その繰り返しである。
　劇的な変化はない。
　少しずつである。
　結果、1年後の彼の姿は、別人だった。
　卒業文集に

クラス全員からサインをもらう姿

があった。
　彼は、このことについて日記に書いてきた。
「女子となんて挨拶できない」
と言っていた彼が、女子からも嬉しそうにサインをもらっているのだ。
　そのことを嬉しそうに日記に書く。

「男女関係なく、全員からサインもらいました」

　胸が熱くなった。
　男女の壁を壊せるか。
　教師のちょっとした働きかけが大きな作用をもたらすのである。

☞ ワンポイントアドバイス

　一見、挨拶をよくしているように見えるクラスであっても、仲のよい子とだけ挨拶していることがある。教師がちょっと伝えるだけで、誰とでも挨拶することの大切さに気づく。「仲よくしなさい」と言うのではなく、「おはよう」の一言が仲よくなる一歩であることを伝える。

3 日常の一コマで仲間の大切さを教える実践

たかが、黒板メッセージ。
されど、黒板メッセージ

1　黒板に書かれたメッセージから見えるもの

　2学期に卒業アルバム用のクラス写真を撮ることになった。

黒板に自由にメッセージを書いていいです。

　子供たちが自由に黒板にメッセージを書いた。

子供たちが最初に書いた黒板メッセージ

　特に問題はないように見える。

　しかし、私は、黒板に書かれていることよりも書いている最中が気になった。

「この黒板を見ての感想をどうぞ」

と聞くと、

「思い出に残る黒板メッセージです」

「最高なクラスということがわかります」

とよい感想が出る。

　そこで、私は、

「この黒板メッセージは最高と言えますか？」

と聞く。

　すると、

「左側と右側で分かれているように見えます」

「左側が男子で右側が女子になっています」

という意見が出た。

　黒板メッセージを書くときに、話し合いをして、左側が男子、右側が女子

など決めているのであれば問題ない。

　しかし、そうではない。

　男子と女子が固まり、自由に書いているのだ。

　黒板メッセージを書くという作業でクラスの力が出る。

2　気づき考えると行動が変わる。黒板が劇的に変わる

　仲間を大切にしようという気持ちがどれだけあっただろうか。

「このままでいいですか」

と聞くと、

「修正したいです」

と言う。

　1人2人ではなく、全員が黒板の前にずらっと出てきた。

　最初とは、まるで別のクラスのような状況が黒板前には広がった。

　子供たちから出てくる言葉が変わった。

「ここ空いているよ」

「もっとここに男子が書くといいかもね」

子供たちが修正した黒板メッセージ

最初の黒板と比較した感想どうぞ。

「ついつい協力することを忘れていました」

「最高の黒板メッセージができました」

　この後の卒業アルバム写真に写る子供たちの笑顔は最高だった。

ワンポイントアドバイス

　男子と女子が分かれて活動することは自然なのかもしれない。しかし、何も指導しなければ、決まった子同士での関わりしかない。意図的に関わるようにした結果、集団としてまとまり、力が発揮されることを行動とともに具体的に日常から教えることが大切である。

席替えで身につけるおすすめ実践

席替えは何のためにやるの？
え？　文句が出る？　意味ないよね！

1　席替えは何のためにやるのか

　4月の教室の座席は出席番号順である。なぜなら、提出物を回収したり、番号順に確認したりする作業が多く、効率がよいからである。

　効率がよいと考えると、1年間、出席番号順でよいのではないだろうか。

　そう言うと、子供たちから大ブーイングが巻き起こるだろう。子供たちは、席替えが大好きである。私も子供の時はそうであった。変化がないとつまらないと言う子もいるだろう。ただ、

> 席替えって何のためにやるのですか。

　私は、子供たちに毎年そう問いかける。

　多くの子が、

「誰とでも協力できるようになるためです」

と答える。

　つまり、席替えする目的は、

> クラスの誰とでも協力できる力を高めること

となる。

2　席替えで文句は絶対に言わせない

　子供たちに席替えの目的を伝えることによって、予防できるものがある。それは、

> 席替えをした後の文句

である。

　席替えをすると、隣の子や場所について文句を言う子が出ることがある。しかし、私のクラスでは、文句は出ない。なぜなら、席替えの目的を伝えているからである。

さらに、席替えをする前に必ず子供たちに伝えることがある。

それは、

> 「1人でも文句を言ったり、嫌な顔をしたりした人がいたら、座席は出席番号順にします」

である。

話をした後に確認する。

> その約束を守れる人は手を挙げなさい。

ここで全員の手が挙がらなければ席替えはしない。

もし、席替えをして、文句や嫌な顔をする人がいたら、席替えのたびにクラスの雰囲気が悪くなる。

それは、席替えの目的を達成することにはならない。

仲のよい子と近くの席になりたいことはわかる。

席替えをして、自分の隣の子が嫌な顔をしていたり、文句を言っていたりしたらどんな気持ちになるだろうか。

1学期に指導をしておけば、席替えで文句はほぼ出ない。

今日の席かえ、いやだとかいうこえがでてたけど今日の席がえはそういうことをいってる人がいなかった。私も前までいやだなーと思ったこともある。でも6-4になってからは、やだとか思ったことありません。

こんなに席がえでいやだとかいわないクラスになったのはじめてです。残り少ないけどたのしみたいです！だからなるべくクラスのみんなともあそぼーがなと思いました。

だれでもいいよ
明日、席替えをする事になりました。それに今日ぼくはびっくりした事がありました。びっくりした事とは、くじを引く時です。差別が多かったために、いつも「あの人がいい」や「あの人はやだ」という声がちらほら聞こえました。だけど、今年は差別がなくて、「あの人がいい…」などの声が聞こえなかったので、ぼくはものすごいびっくりしました。題名の通りクラスの中でいやな人がいないのでだれとなるか、ものすごく楽しみです。

> 席替えをして文句が出なかったことを日記に書いてくる。席替えで嫌な思いをしたことがあるのだろう。こうした日記を取り上げることでクラスを褒めることができる。

日記への私のコメント

思っても口に出すか出さないかが、その人の人間性なのです。自分のことしか考えない人は、平気でこのような言葉を口にするのです。

3　学期初めの座席の場所を決めるのは教師

　席替えの方法はさまざまあるだろう。私はくじ引きでやることが多い。しかし、くじ引きをその場でやり、神の采配で決めるようなことはしない。なぜなら、学校生活を送る上で、座席は重要であるからだ。座席を決めるために2つの視点で調整する。

> 1　視力を配慮する。
> 2　人間関係を配慮する。

　子供たちは、
「え？　すぐに発表しないのですか？」
「好きな場所でいいじゃないですか？」
と聞いてくる。
　私は、笑顔で
「すぐにしないよ。好きな場所ではやらないよ。一度、座席を確認して調整するからね」
と答える。
　きちんと理由も説明する。

> 　プロサッカーの監督が、選手たちに
> 「今日は好きなポジションでやっていいよ」
> 「今日のポジションはくじ引きね」
> と言いますか。教室のポジションを考えるのが先生の仕事。
> 　今のクラスで最高の学習ができるように考えたポジションでやります。

　さらに付け加える。

> 　このクラスが誰とでも、どこでも大丈夫となったら、好きな場所での席替えもできるかもね。

　クラスで喧嘩もなく、誰とでも話し合い、活動もできるような状態になったら、好きな場所での席替えになることを告げる。
「やったー！　頑張ろう！」
と子供たちは納得する。
　実際に、約束通り3月は毎日席替えをすることになった。
　しかも、男女関係なくの席替えをした。
　元気な男子が固まり、若干騒がしい時もあったが、その都度、

「今の席でもきちんと授業ができるかテストだね」
と伝え、誰とでも、どんな場所でも、きちんと授業を受けることの大切さを
指導した。

4　発表はドキドキ・ハラハラ・ワクワクのお見合い形式

〈席替えの手順〉
①教室の前方を希望する子を確認
　（前の席のほうが、学力が上がる。一流のセミナーは、最前列の値段が一
　　番高く人気があると話をする。席替えを行うたびに、前列が人気席とな
　　る。）
②男女別のくじを作成する。
　（大体、あみだくじで行う。番号札で行うこともある。）
③帰るまでにくじに名前を書くように伝える。
　　次の日までに、座席表を作成する。
　　前方を希望した子や人間関係、普段の授業態度を考慮しながら席を決める。
　　班での話し合い活動にも影響があるので、教師が意図した配置にする。
④次の日の朝、新しい席の発表。

普通に発表するのではなく、お見合い形式で発表する。

男子は廊下に出なさい。

女子に新しい席の場所を伝える。
女子に廊下に出るように指示を出し、男子に新しい席の場所を伝える。
誰が隣になるのか、まだわからない状況である。
教室にドキドキ・ハラハラ・ワクワク感の空気が流れる。

では、新しい席へどうぞ。

新しい席に着いたら、隣の人に笑顔で挨拶するように伝える。
笑顔で楽しそうに会話しているペアを取り上げ褒める。

ワンポイントアドバイス

　何も指導せずに席替えをすると、「えー、やだこの席」「お前かよ」のような言葉
が飛び交う。この瞬間にクラスの雰囲気は悪くなる。さらに席替えのたびに傷つく
子が出る。私も中学校の時に席替えで文句を言い、隣の子を傷つけた記憶がある。
教師の指導で、楽しく、より仲よくなれる時間にできるのである。

5 休み時間に男女の仲をよくするおすすめ実践

教師が、楽しい遊びを 子供たちに教える

1 友達の輪の増やし方を教えるのも教師の仕事

　何も指導しなければ、休み時間に男女で遊んでいるクラスにはならない。「子供たち同士で自由に遊ばせるのが大切」という先生もいるが、私はそうは考えない。

　友達の輪を広げる方法を教えることも教師の仕事である。

　これは、教師が強制的に男女で遊ばせるということではない。

　子供たち自身が「男女で遊びたい」と思っているかどうか。

　女子の日記。

> 前は「男とあそびたい」と、思っていても、あそべなかったけど、今は、男に「あそばない」といったら「いいよ」といってくれたりしてくれて、前とすごいちがうなと、思いました。

　なぜ、彼女は、遊びたいと思っていても、遊ぶことができなかったのか。2つの理由で子供たちは遊ぶことができないのである。

　その理由とは、

1　遊びの誘い方がわからない。
2　遊び方がわからない。

　つまり、遊び方、遊びの誘い方もきちんと教える必要があるのである。

2 遊びの誘い方、遊び方をどう教えるか

⑴ 遊びの誘い方・断り方を教える

　一緒に遊びたい時に、どのように誘いますか。

子供たちに聞くと、
「一緒に遊ぼう」
という言葉が出る。

> 「一緒に遊ぼう」と隣の人を誘ってみましょう。

このとき、重要なのが、
【誘われた子のリアクション】
である。
「いいよ」
となれば問題ないが、いつも「いいよ」とはならない。
　だから、相手が嫌な気持ちにならない断り方も教える。
　誘えない理由に、「断られたらどうしよう」があるのである。
　遊びに誘ったときに、断られることもあることを事前に教えるのである。
「一緒に遊ぼう」
「ごめん。今日、ちょっと別の用事があるんだ」
の練習を行う。
　誘う経験、断る経験、断られる経験を全員にさせるのである。

(2) 女子から恐れられていたA君が変わる
　やんちゃ男子のA君。
　女子から声をかけられると、いつも
「うるせぇ、ババァ」
「はぁー、絶対無理」
というきつい言葉を発し、女子から恐れられていた。
　私が、誘う役をやり、A君に断る役をさせる。
「一緒に遊ぼう」
「いいよ」
　この「いいよ」の言葉を発した瞬間にめちゃくちゃ褒める。
　そして、クラス全体に

> A君を誘って、いいよって言われたら嬉しくなる人？

と聞く。
　全員が手を挙げた。

> 　たった一言の「いいよ」が人の心を温めるんだね。

と伝えた。

　女子から男子に声をかけたときに「いいよ」と答える。

　男子から女子に声をかけたときに「いいよ」と答える。

　当たり前のようなことであるが、子供たちにとってみたら当たり前ではないのだ。

　たった一言の「いいよ」で
【男子が優しくなっている】
と女子が感じるのだ。
（右の日記より）
「いいよ」と答えたのは、A君である。

> 7/10　●男子が優しくなってる。●
>
> 私がなぜこのタイトルにしたでしょうか。それは、5時間目のときおこった。しんぶんをとるために行ったけど、私のは上でとどきません。○○さんがいたので私は、「とって」といったら、「いいよ」といってくれました。
> そして5時間目がおわり、こんどは、自分で入れようとしたけど、○○さんがいて、入れられなかったので○○さんに「私のところにいれて」といったら、○○さんも「いいよ」といってくれて、やさしいクラスでよかった。とおもいました。せんせい!!

⑶ 教師が、楽しい遊びを次々に教える

「男女で休み時間に遊ぼう！」としても失敗する場合がある。それは、
【遊んでも楽しくなかった】
である。
「男女で遊ぶって楽しい」がなければ、子供たちは一緒に遊ぼうとはしない。

　私は1学期に、さまざまな遊びをたたみかけるように教える。もちろん、一緒に入って遊ぶ。

　子供たちが熱中した休み時間の遊びはさまざまある。

　毎年、熱中する遊びはクラスによって変わる。

> サバイバルドッジ　Sけん　たけのこヒョッキ　ボールけりころがしドッジ　天下　しっぽ取り　ドンジャンケン……

　とにかく、いろいろな遊びを子供たちに教えていくことである。

　休み時間に楽しく遊ぶようになると、クラスの雰囲気が変わってくる。

　男女の壁がどんどん壊れていくことを感じる。

　日常生活の中でも、ちょっとしたドラマが生まれ始める。

　男子が女子の名札をさりげなく置くという、ちょっとしたドラマである。

　クラス全体にも、このドラマを話す。こうした話をしているときの教室の空気は、とても温かい。

「いいクラスになったね」
と伝える。

　子供たちは、ちょっと誇ら
しげに嬉しそうである。

　毎日、男子全員と話をする
という目標を立てる子もい
る。

　誰とでも話をするというこ
とは、簡単なようで、実は、
簡単ではない。

　大人になっても、「ちょっ
と話しかけにくい」という経
験はある。子供も同じなの
だ。

　だからこそ、関わり方を教
えることが必要となる。

　休み時間の過ごし方は、子
供たちに大きな影響を与える
のである。

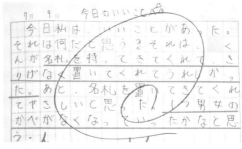

日記「男子が名札を配ってくれた」

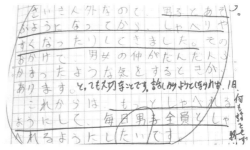

日記「男子と毎日話をする」

日記「学校が楽しい理由」

ワンポイントアドバイス

　遊び方を教師が教え、遊びの誘い方・断り方も教える。遊びたいけどどう誘って
よいかわからない、何をして遊んだらよいかわからない、という子供の本音から考
えた実践である。「遊びくらい自分たちでできる」で、できるのであればよいが、
できない実態があるときに教師として何ができるかなのだ。

6 行事で身につけるおすすめ実践① 運動会編

保護者が感動したのは、子供たちの応援する姿

1 運動会終了後に届く保護者からの手紙

運動会終了後、保護者からメッセージが届く。

メッセージの中で一番多かったのが、

子供たちの応援する姿が素晴らしかった

という声であった。

【実際の保護者の声】

「何よりクラスリレーで1人1人が頑張り、応援する姿に涙が出ました」

「何より4クラス最後のアンカーがゴールする時まで、クラス関係なく応援する姿が素晴らしすぎました」

子供たちの表現「ソーラン節」「リレー」に感動したことはもちろんであるが、応援する姿に感動されているのだ。

なぜ、子供たちは、保護者が感動するほど全力で応援したのか。

それは、

行事までに何をしてきたか

がポイントとなる。

2 運動会「まで」に何をするかが重要

運動会当日だけに全力を出すという行事であれば、教育的効果は薄い。

運動会当日だけ盛り上がる行事にすると、確実に、運動会後にクラスは衰退する。

行事の後にクラスが荒れるのは、行事までの指導に問題があったということである。

何のために運動会を行うのか。

運動会を行う目的を全員に共通理解させる必要がある。

運動会まで1ヶ月前の段階で、子供たちに伝える。

（行事は、日常生活が色濃く出ることを、繰り返し指導することが前提となる。給食当番の指導を参照 P126）

> どんな運動会にしたいですか。黒板に書きなさい。

ずらっと黒板に、子供たちの意見が並ぶ。

発表させた後に、さらに子供たち聞く。

黒板に書かれた運動会を「最高の運動会」と定義する。

> 最高の運動会を実現するには、どのような力が必要ですか。

具体的にどのような力が必要かを考えさせる。「最高の運動会にする」と黒板に書いたとしても、具体的にどのような力が必要なのかを明確にする。

この力こそ、自分たちが日常で身につけるべき力となる。

再度、黒板に書かせる。

ずらっと、黒板に運動会までに高める必要がある力が並ぶ。

最高の運動会を
実現するために
必要な力

仲間と教え合う力
目標達成する力
できないをできるにする力
男女の仲を深める力
仲間の大切さに気づける力
よいところを真似る力
自主的に行動する力
団結力
素直さ
褒める力
人前でも堂々と披露する力
応援の声
笑顔の力
行動スピードを高める
絆を深める力
など

全ての力が大切であるが、特に自分にとって高めたい力は何かを考えさせる。

> この中で、自分が最も高めたい力は何ですか。
> その力を高めるために、どんな行動をしますか。

ノートに書き出していく。

ここに書き出したものが、日常の自分の具体的な行動目標となる。

「運動会練習の時に、自分から声を出して応援する」

「ソーラン節が苦手だけれど、自分から上手な人に教わる」

「日記に練習を頑張っている人を書いて、自分も真似する」

運動会までに行動したことが、全て自分の力になることを伝える。

> 運動会までの１ヶ月で、今の自分がどれだけ成長できるかが大切です。例えば、今、応援する声があまり出せない人がいたとします。毎回の練習で声を出し、応援を続けていました。１ヶ月で、人を応援することの楽しさに気づきました。当然、運動会当日は最高の応援をするでしょう。この人が身につけた力とは何でしょうか？

「人を応援する力」

> おそらく、この子は、運動会が終わった後も、さまざまな場面で人を応援することができるでしょうね。運動会という行事をきっかけにして、今の自分よりも成長させられるかどうか。このクラスが今よりももっとレベルが上がるかどうか。運動会が成功したかどうかは、「運動会までにどれだけ成長できたか」が大切なのです。

3 具体的に行動した子を褒め、強化する

運動会に向けて実際に行動している子を取り上げる。

「応援するとクラスの雰囲気がどうなりましたか」

8/27「やる気の力」②　17:45〜19:31

今日の体育では、最後にリレーをしたけどその時にチームのみんなや他の人の声も聞こえてそ応援のおかげでとても楽しく走ることが出き速く感じました。でもそれはリレーだからと言うのがあったけどや、ぱりリレーの時の応援が人からのエネルギーが力になって力がでてくるような気がします。なのでこれから五十…

> 実際に目標に向けて行動することによって、クラスの雰囲気がよくなっているということを体感させていく。最高の運動会に近づいていることを日常から実感させる。

4 運動会当日に使いたい言葉を共有する

運動会に向け、子供たちは仲間を応援することの大切さに気づき、日常的

に授業でも応援するようになっている。

運動会当日に再度確認する。

> 今日、どんな言葉を使いたいですか。ノートに書きなさい。

具体的な言葉を考えさせる。

応援しようと思っても、言葉を知らなければ応援することはできないからである。

「もっと応援しなよ」

とアドバイスしても応援しない子は、言葉を知らない可能性もある。

> 隣同士で使いたい言葉を言い合いなさい。

子供たちは笑顔で使いたい言葉を言い合う。

教室はとてもよい雰囲気となる。

最後に、

> 自分が「これは使いたい」というものを１つ選んで発表します。

次々と使いたい言葉が発表される。

当日、子供たちから出た言葉はこちら。

・ナイス	・ナイスタイミング	・バトンの天才
・協力してやろう	・楽しく踊ろう	・さすが
・ファイト	・楽しもう	・カッコよかったよ
・最高	・一緒に頑張ろう	・天才
・絶対勝つぞ！	・お疲れ	・頑張っていたよ
・負けてもいいよ	・ありがとう	・おめでとう
・全力で	・いいね	・練習した成果が出たんだよ
・全力を出し切ろう	・がんばれ	

友達に対して声をかけるには、ちょっと照れくさいような言葉かもしれない。

しかし、言われて嬉しくない人はいない。

仲間を応援するメンタルを鍛える絶好の機会が運動会となる。

✍ ワンポイントアドバイス

「行事は日常がすべて」長谷川博之先生の言葉。行事指導については、長谷川博之先生のご著書『学級通信365日全記録』（学芸みらい社）から多くを学んだ。行事までに何を指導するか。行事までに何を学ばせ、成長を実感させ、行事後につなげるか。点の指導ではなく、線の指導がポイントである。

7 行事で身につけるおすすめ実践② 長縄大会編

「仲間」「思いやり」の大切さに
気づかせる授業

「みんなで跳んだ」（出典「エチカの鏡」フジテレビ系列／平成20年10月19日放送）

1 長縄大会で何を学ぶかを共通理解する

クラス対抗の長縄大会がある。

行事で大切なのは、

目的を共通理解すること

である。

目的を共通理解する前に、毎年行う授業がある。長縄大会だけでなく、行事前に行うと「仲間の大切さ」を考えることができる。

2 「みんなで跳んだ」の授業

資料は、「みんなで跳んだ」（出典「エチカの鏡」平成20年10月19日放送）を使う。YouTubeで「みんなで跳んだ」と検索すると動画を視聴することができる。

⑴ 資料のあらすじ

神奈川県の中学校で実際にあった話をもとにして作られた映像資料である。この中学校の2年1組には、軽度の知的障害を抱えた阿部諭君という生徒がいた。阿部君は、運動、勉強が苦手で行動も遅い。この少年に対して2年1組の生徒たちは常に優しく接してきた。全員のことを考えるよいクラスであった。しかし、運動会の種目「大縄跳び」において、問題が発生する。阿部君は全く跳ぶことができない。一緒に跳ぶことが思いやりなのか阿部君は外すことが思いやりなのかクラスで考える。クラスで出した答えは、応援係であった。しかし、運動会前日に「全員で跳びたい」と1人の生徒が意見する。クラスは2つの意見に分かれる。「一緒に跳ぶか」「応援係をしてもらうか」で話し合いになる。話し合いの中で大切なことに気がつく。それは、阿部君本人の意思を聞いていなかったことだ。そのことに気づきクラスは1つにまとまっていく。そして、本番は全員で跳ぶことになる。結果は、最下位であるが、全員で跳べたことに大きな喜びを感じ、

本当の意味で相手のことを考えることの大切さを学ぶことができる授業。

(2) 実際の授業

動画は、全てを一気に見せるのではなく、途中で止めながら進める。

> 思いやりを感じる時ってどんな時ですか。

・優しくされた時。・何かを手伝ってもらった時。
・待ってくれた時。・応援してもらった時。
【2年1組について知る動画】

> 阿部諭君は、軽度の知的障害をもっています。もし、クラスに阿部君のような子がいたらどのように接しますか。

・いろいろ手伝う。・声がけをする。・一緒に活動をする。
【校外学習での動画】

> 阿部君が遅れてしまいます。自分だったらこの時どのような行動をしますか。

・待つ。・頑張れと声をかける。・荷物を持つ。
【大縄跳びの練習の動画】

> 阿部君が跳べません。みんなだったらどうしますか。

・一緒に練習する。・跳び方を教える。
・跳べるようになる作戦を考える。
【応援係になってもらい、記録を伸ばし続けることを知る動画】

> 応援係にした時のクラスの子たちの気持ちは、どんな気持ちだったと思いますか。

・跳べなくて辛い思いをするなら仕方がない。
・阿部君になんとなく悪い。
・みんなで話し合ったのだから仕方ない。
【前日に阿部君と一緒に跳びたいと主張する女子の動画】

> もし自分だったらどうしますか。

（一緒に跳ぶ派）
・結果はどうであれ、やっぱり全員で跳びたい。
・応援係ではなく、跳んでほしい。

・阿部君も一緒に跳びたいと思う。
・クラスメイトなんだから、外すのはやっぱり嫌だ。
・今から特訓してなんとかする。
（応援係になってもらう派）
・前日の今から言うのはおかしい。
・前に決めたことなんだから、いまさら変えられない。
・もし、阿部君が入って記録が０回だったら、阿部君も嫌な気持ちになるし、
　みんなも嫌な気持ちになる。
・運動会は１年に一度なので勝って最高の思い出をつくりたい。

> 何かを置き去りにした話し合いに気づきました。それは、何だと思いますか。

・阿部君はどうしたいのかを聞いていなかった。

> クラスの意見が１つの方向に向かったのはなぜですか。

・阿部君の気持ちに気づけたから。
・本当の意味で、全員の気持ちが１つになったから。
【実際の運動会の動画】

> どうして、最下位なのにみんな跳び上がって喜んでいたのでしょうか。

・クラス全員で跳ぶことができたから。
・全員を思いやることができたから。

> 授業の感想を書きなさい。

（実際の授業の板書）

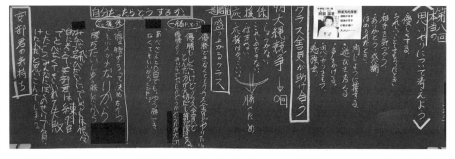

　最後の映像では、一度も跳ぶことができなかった安部くんが、一人で生まれて初めて跳ぶ瞬間がある。子供たちは、涙を流しながら拍手を送っている。

> このクラスでも奇跡が起こせるのですね。

　子供たちは、仲間の素晴らしさ、友達と助け合うとこの素晴らしさ、クラスの力を授業を通して学ぶことができる。

【授業の感想】
○今日は、思いやりについて学習しました。普段自分のことに忙しくて、思いやりがあまりできないけれど、本当の思いやりは、相手の気持ちを考えることなんだと今日思いました。これからは、本当の思いやりをしていきたいです。

○私は思いやりのことをあまり気にしていませんでした。でも、この勉強をして言うだけじゃなくていろいろな行動に表したいと思いました。これからは、思いやりのことを考えながらやっていきたいです。自分のことだけではなく、人のことを考えたりしていきたいです。

○阿部君が最後に自分で跳べたことがすごいと思いました。本当の思いやりだと思いました。クラス全員が助け合うことが大切だと思いました。

○思いやりは字で書くのはとても簡単なことだけど、実際にやってみるととても難しいことでした。この2-1は全員が思いやりの心を持っていたから神様が奇跡を起こしたと自分は思います。それに、支えていた子は無意識で支えていたのはすごいと思いました。自分はこのことを2-1の奇跡と呼ぼうと思うほどすごいと思いました。

○私は、思いやりはすごく簡単なことだと思っていて、あまり思いやりのことを考えていなかったけれど、今日、勉強してすごく大変だったり、悩んだり、みんなと話し合いをしないといけない思いやりもあるんだなぁと思いました。私は、もし、置き去りにされてしまう子がいたら、相手の身になって考えて、その子の考えを聞いて、やりたいなぁと思いました。

○阿部君のために、話し合いをして、それを行動に移すこのクラスがすごいと思いました。それに、みんなで頑張って跳んでみんな泣いているところや最下位でもみんな喜ぶなんてすごいと思いました。僕も、人のことを考え、思いやりを持って行動できるようになりたいです。

○とても思いやりのあるクラスだと思いました。もし自分が阿部君なら初めて跳べた大縄跳びが一生の思い出になると思います。これからは、いろいろな人を支えていきたいと思います。また、6-1も2-1のように思いやりのあるクラスにしたいと思います。

○このクラスは優勝できないとわかっていたけれど、阿部君を入れたというのは本当に思いやりがあるクラスだと思いました。それに、阿部君も自分の意思で跳びたいと言って、本番でも71回も飛んだのは本当にすごいと思いました。けれど、阿部君が跳べたのもクラスのおかげなので、僕も思いやりの心を持ち、6年1組もこのクラスのようなクラスにしようと思いました。

ワンポイントアドバイス

　長縄大会など勝ち負けがある行事になると、どうしても勝つために自分の都合がよい意見ばかりを主張してしまいがちになる。本当にクラスのことを考えている行動になっているのか、仲間を思いやる気持ちについて考えさせることができる授業である。行事前におすすめである。

8 行事で身につけるおすすめ実践③　修学旅行編

失敗しない 修学旅行の班決め

1　修学旅行の班決めでもめたら最悪の修学旅行になる

　修学旅行でのトラブル第1位。

　それは、「修学旅行の班決め」である。

「○○と一緒じゃ嫌です」

　なかなか班が決まらない場合がある。

　さらに、班決めの時は何もなく終わったと思っても、家に帰ってから「納得がいかない」ということになり、保護者から連絡があることもある。

　一度、決まった班を再度トレードしたり、班決めをやり直したりすることになる。

　班決めがうまくいかないと、修学旅行までの時間が子供にとっても教師にとっても最悪な時間となる。

　修学旅行当日も楽しい時間ではなく苦痛となる。

　最高の修学旅行にするために「班決め」は極めて重要となる。

2　トラブルを未然に防ぐ班決めのポイント

　私のクラスの班決めは、【5分で終了】となった。

　誰も文句を言う子はいなかった。

　なぜ、5分で班が決まり、文句が出なかったのか。

　それは、班決めをする際に、以下の4つのことを指導したからである。

---

(1) 修学旅行の趣意説明「修学旅行【まで】と【から】の大切さ」

(2) 班活動の趣意説明「なぜ、班活動を行うのか」

(3) 班を決める際のルール

(4) 班決めでの「問題あるあるの予告」

　班決めの感想を聞くと、

「最高の班にします」「絆をさらに深めます」

「最高の修学旅行にします」

と前向きな言葉が次々と発表されていた。

3　班決めの実際の授業

(1) 修学旅行の趣意説明「修学旅行【まで】と【から】の大切さ」

修学旅行に行く目的を確認する。

> **修学旅行は何のために行きますか。**

・協力する力を高めるため
・友情を深めるため
・時間を守る力を高めるため
・集団行動の力を高めるため
さまざま出る。

> **「修学旅行までに何をするかが大切です。そして、修学旅行からが大切です」**

行事指導は、【まで】と【から】の指導が重要である。
（埼玉県の長谷川博之先生から学んだ）

> **「修学旅行の当日だけ楽しかったでは意味がないのです。**
> 　**修学旅行までの準備で何を学び、修学旅行中に何を学び、修学旅行が終わってからの生活を向上できるかが重要なのです。**
> 　**今まで、あまり友達と協力ができなかった人が、修学旅行をきっかけにして協力できるようになったり、時間を守ることができなかった人が、守れるようになったりすると価値ある修学旅行になります」**

修学旅行は、ただの旅行ではないことを伝える。

(2) 班活動の趣意説明「なぜ、班活動を行うのか」

修学旅行の目的を達成するために「班活動がある」ことを教える。

> **修学旅行で成長するために、班活動をします。**
> 　**だから、誰と同じ班であっても協力したり友情を深めたりできることが大切です。**

ポイントは、誰と同じであってもいかに「よい班にしようとできるか」を考えられるかが大切であることを伝える。多くの子たちは、自分の仲よしと一緒の班になりたいと考えている。悪いことではないが、「誰と組んでもよい班にできることが大切」であることを事前に伝えておく。

⑶ 班を決める際のルール

　２つのルールを伝える。

ルール１：時間内に決める。
ルール２：１人でも文句がある子がいたら全て教師が決める。

「15分で決めます。もし、15分で決まらなければ、私が決めます。班が決まった時に、文句がある子が１人でもいたら私が決めます」

　ルールを伝えたら、

「このルールで班決めをしてもいいですか。いい人は手を挙げてください」
と必ず、全員が納得しているか確認する。

　後で、

「あの決め方は納得していなかった」
という意見が出ないようにするためである。

⑷ 班決めでの「問題あるあるの予告」

　⑴〜⑶の指導をすると、一見、うまくいきそうな気がする。しかし、もう一歩の詰めが必要なのである。なぜなら、実際に、班を決める場面になり、自分の思い通りにいかない班になったときに、「文句」を言ってしまいそうになるのだ。

　この「文句」を言わせないようにする指導が、「問題あるあるの予告」である。

　班決めでの悪い例を事前に示して教えるのである。

　３人組になりました。１人が別の班に行かなければなりません。こんなときどうしますか。

　子供たちから意見を聞いてもよい。

　悪い例を示す。

「〇〇君、別の班に行って」
これいいと思う人？

　全員がダメだと答える。

「私、別の班でいいよ」
と自分から言う子もいるだろうが、私はじゃんけんで決めるとよいことを教える。

　ただし、じゃんけんで決まった後の行動が大切であることを教える。

ここでも悪い例を教師が演じてみせる。

　じゃんけんをしました。負けました。

「なんだよ。最悪」と言いながら別の子と組む。

> 　感想をどうぞ。

・カッコ悪い。

・周りの人が気分悪くなる。

・最高の修学旅行にならない。

> 　じゃんけんで負けたとき、どのような態度をすればいいですか。

　教師が、よいモデルを示す。

> 　本当は、一緒になりたい子がいたけれど、「ちょっと我慢」して、一緒になった子と「どうすれば最高の修学旅行になるかを考える」ことが大切だよね。

と話をする。

「では、班決めスタート」

　温かい雰囲気が教室に流れていた。

　５分後、

「先生、班決まりました」

と笑顔で報告する子供たちの姿があった。

【児童の日記】

「修学旅行の時の班決め」

　僕は、修学旅行の班決めは、最初難しいと思っていました。自分たちで決めると「あいつやだ」とか文句を言う人が前の学年の時にいたからです。でも、６年A組はすぐ決まったので、共感力があるんだと思いました。本当は、嫌な人でも「わかった、いいよ」など美しい言葉を使って共感しているのだと思いました。あと、A君が「誰とでもいい」と言っていたのがすごいと思いました。これからは、もっと共感力をつけたいです。

【保護者コメント】

　共感力とても素敵な言葉だね。修学旅行もクラス全員で楽しんでください‼　母

授業で身につけるおすすめ実践

誰とでも関わることが
大切であることを指導する

1　決まった子とばかり話をするのは当然

英語の授業。

| 指示：3人の人と挨拶したら座ります。 |

この指示を出した後の子供たちのやりとりの様子を見れば、クラスの仲の
よさが見える。

| レベル１：挨拶できずに立っている子がいる。 |
| レベル２：挨拶しているが、仲のよい子を探している。 |
| レベル３：誰とでも挨拶をしている。 |

４月は、大体レベル1である。

この３つのレベルを子供たちに伝える。

子供たちに、自分たちが「仲よし」を探していることを自覚させる。

| 発問：今、クラスのレベルはいくつですか？ |

と聞くだけで、「あっ……」と気づく子たちがいる。

2　レベルが高いクラスは、あっという間に終わる

子供たちに、レベルが高いクラスだと

【何をやっても早く終わる】

ことを伝える。

| 指示：3人の人と挨拶したら座ります。 |

誰とでも挨拶できないクラスは、とにかく時間がかかる。

近くの人と挨拶すればよいのである。

次に、時間を制限して行う。

| 指示：できるだけ早く3人の人と挨拶します。 |

最初とは全く違う光景が教室に広がる。

あっという間に、挨拶して終える。

ここでたたみかける。

【これが誰とでも仲よくするということです。】

さらに、聞く。

> 発問：最初と今、どちらのクラスのほうがいいですか？

全員に手を挙げさせなければいけない。ここで、手を挙げていない子がいたら、クラスの仲はよくならない。

> 語り：また、1つクラスのレベルが上がったね。

と伝え、子供たちを激励する。

3　体育の授業でも指導する

体育の授業で3人グループを自由につくらせる。

> 説明：ドッジボール コートの中を自由に動きます。
> 指示：笛を鳴らします。「ピッ、ピッ、ピッ」 3回なので、3人でグループになります。 3人グループになったら座ります。

ここでも、

「レベルの高いクラスは、時間をかけない」

ことを伝える。

さらに、もう一歩突っ込む。

> 指示：グループに男女両方いるグループ手を挙げて？　いいね。

この指示を加えるだけで、誰にでも声をかけようとする子が増える。

体育の授業後の子供の日記。

「自分から話しかけたいと思った」と書かれている。

いかに、自分から話しかけていない友達に声をかけようという気持ちにさせるか。ポイントである。

ワンポイントアドバイス

友達と仲よくすることが大切であることは誰もがわかっている。しかし、何をしたら仲よくなっていると言えるのか。レベルを示すことでわかりやすく伝える。

「誰にでも話しかけられるか」と聞かれると、多くの子供は「仲よしばかりと話している」と気づくはずである。

仲間を大切にする第一歩は名前にあった

え!?　意外と呼べない？
友達の名前呼べますか？

1　友達の名前を呼べない？

「花子さんをちょっと呼んできてください」
と太郎君に頼んだ。
　すると、太郎君は、
「おい……ちょっと……」
とモジモジしていた。
「え？　花子さんって呼べばいいじゃん」
と声をかけると、
「だって……」
とさらに、モジモジしている。
　実は、太郎君は、花子さんの名前を呼ぶことができなかったのだ。

2　名前を呼びたくないのか、呼べないのか

「太郎君は、花子さんの名前を呼びたくないの？」
と聞くと、
「いや、そういうわけじゃない」
と答える。
　つまり、「花子さん」と呼んだことがないから、呼びにくいのだ。
　気持ちがものすごくわかる。
　クラス全員に、

> 　友達の名前を呼べますか。
> 　友達の名前を呼びたいけど、なんとなく呼びにくいという経験をしたこ
> とはありますか？

と聞くと、なんと、ほぼ全員が手を挙げた。
　仲のよい子の名前を呼ぶことはできるが、あまり話をしたことがない子の
名前は呼びにくいのだ。
　名前を呼べない子に対しては、

「おい」「お前」「ちょっと」「呼ばない」という行動になっているという事実がわかった。

> このままで、よいクラスになると思う人？

誰も手を挙げない。

> 全員の名前を呼べるようになりたい人？

全員が手を挙げた。

名前を呼びたくないのではなく、呼べないのである。

3　名前の呼び方の確認をする

友達の名前の呼び方はさまざまある。

「花子」「花ちゃん」「花」「花さん」「花子さん」呼び方は強制するものではない。大切なのは、

【呼ばれる人の気持ち】

である。

クラスの仲間に何と呼ばれたいのか。

全員に発表するよう指示をした。

その呼び方が絶対ではないが、呼んでほしい名前がわかるだけで、グッと名前を呼びやすくなる。

4　挨拶の前に名前をつける

挨拶の前に名前をつけると「相手に与える印象がよくなる」ことを教える。

> 「花ちゃんおはよう」「おはよう」
> 　どちらの挨拶のほうが気持ちよいですか。
> 「松島先生、おはようございます」と名前をつけて言われると、とても気持ちがよくなります。

ゲームで楽しく練習する。

> 指示：名前をつけた挨拶。1分間でできるだけ多くの人と挨拶します。

次の日の朝。名前をつけて挨拶する子がいたら、取り上げて賞賛する。名前を呼ぶことが自然になるとクラスの雰囲気がとてもよくなる。

ワンポイントアドバイス

学校に来て一度も名前を呼ばれない子がいてはならない。だから、教師は全員の子の名前を呼び、褒め続けるのである。名前を呼ぶとは、人間関係づくりの第一歩である。男女関係なく名前を呼び合うクラスの雰囲気は間違いなく温かい。

挑戦することで変わる子供のメンタル①

なぜ、挑戦するメンタルが育つのか

1 卒業後も持ち続ける挑戦するメンタル

６年生で担任した子供たちが中学で活躍している。

例えば、

| 1 クラス代表に立候補した。 |
| 2 スピーチで取り上げられた。 |
| 3 発表を褒められた。 |

などである。

この話をどこで聞いたか。

今、担任している子供の保護者である。

保護者から電話で伝えられる。

「〇〇さんのお母さんが言っていました」

嬉しい報告である。

なぜ、子供たちが中学でも挑戦する気持ちになるのか。

昨年担任した子供たちが、

「６年生の時の経験が役に立っている」

と言うそうだ。

日々の発言・討論・日記が、その要因となっているようだ。

2 高学年になると発言しなくなって当然なのか

高学年になると、発言する子たちが激減する。

低学年の子たちは、「はーい！ はーい！」と手を挙げる。

高学年になると発言しなくなる、と多くの先生は思っているだろう。

向山先生が新卒時代、３年生に研究授業をした際に、高学年を担任する年配教師に言われたことが、

「中学年だから発言するのだ。高学年になると発言しなくなる」

向山先生は、反論はせず、以下のように述べている。

> 1年生と6年生の違い。精神が発達して、恥ずかしさを覚える。

　つまり、「恥との戦い」なのである。
　向山先生は、この時に、
「6年生でも発言する子たちにする」と決意をされる。
「高学年だから、発言しなくなる」
と決めた瞬間に、教師の工夫は生まれなくなる。

> 「高学年でも、恥との戦いに勝ち、挑戦する子たちを育てる」

　大切な教師の仕事である。
　私は、年間を通して、挑戦する場面を日常的につくる。
　例えば、「歌を歌いたい人どうぞ」といきなり言う。
　最初は誰も挑戦しない。
　1年経つとどうなるか。
　次々と歌に挑戦する子が出てくるのである。
　右下は、歌に初挑戦した女の子の日記である。
　なぜ、彼女が挑戦できるようになったのか。

> 　クラスに「冷やかしがない」からである。

　歌に挑戦してみたいという気持ちがあっても、
「バカにされる」
「悪口を言われる」
という不安があったら挑戦はできない。
　失敗しても笑われない。
　失敗しても応援してくれる仲間がいる。
　クラスから冷やかしをなくすこと。
　挑戦するメンタルを育てる上で、「冷やかし
をなくす」ことは最優先指導事項である。

日記「一人での歌に初挑戦」

✏️ ワンポイントアドバイス

　どんなに「挑戦することが大切」と子供たちに話をしても、学級の中に「冷やか
し」が存在していたら挑戦する子たちは生まれてこない。誰もが挑戦しようとする
気持ちはある。その気持ちを行動にできるかどうかは、学級の雰囲気が大きく影響
する。挑戦しやすい空気をつくるのも教師の仕事。

挑戦することで変わる子供のメンタル②

挑戦することの意味を
伝え続ける

1　誰でも挑戦するチャンスは持っている

　挑戦する権利は、全員が持っている。
誰でも立候補することは可能。
「やります」と手を挙げなければ、責任ある役目は回ってくることはない。
　責任ある仕事は大変だから、やらないほうが楽だ。
　高学年になると、やらないほうが楽と考える子は多い。
　毎年、必ず子供たちに伝えること。
　それは、

挑戦しなければ、成長はない

である。
　学校では、学級委員や委員会の委員長など、挑戦する機会がさまざまある。
　誰でも挑戦する権利はあるが、その権利をつかもうとするかどうかは、全て自分次第である。
　責任ある仕事を経験することは、自分を大きく成長させることに欠かすことができない。
　「私は、そういうの苦手だから……」
　「俺は、そういうタイプじゃないから……」
　そうやって自分で決めつけていたら、新しい自分をつくり出すことは無理だ。

　自分を変えられるのは、自分だけ。
　一歩の勇気が、自分を大きく成長させる。

　こうした話を４月から繰り返し子供たちに伝え続ける。

2　安全地帯から抜け出そうとする子を取り上げる

「安全地帯から踏み出してみよう」

と子供たちに伝える。

　安全地帯にいれば、怪我もしないし失うものもない。

　しかし、新しい何かを見つけたり手に入れたりすることは一生できない。

　安全地帯から一歩踏み出すと、もしかしたら、怪我をするかもしれない。

　ただ、今まで見たことも経験したこともないことに出会える。

　一歩踏み出した子の日記。

　初めて学級委員に立候補したAさんの日記。

◇「もし、私が学級委員になったら」

　私は、学級委員に初めて立候補した。そして、今、意気込みを発表している最中だ。ドックン、ドックン、バックン。ものすごい緊張しているのか、声もそんなに大きな声が出なかった。

「パチパチパチ……」

　教室には、この拍手の音と意気込みを言っている音や声ぐらいしかなかった。「あー、終わった〜」私は安心し、心臓の音も弱まった。

「じゃんけんぽん」

　学級委員は、じゃんけんで決めることになった。

　あいこが永遠に続く。

「あ、決まった。決まった」

　学級委員になったのは、別の子だった。

　……学級委員になれなかった。

　私の頭の中は、悔しい思いでいっぱいだった。

　1回チャンスは逃したが、あと2回もチャンスがある。そのどちらかになれればいい。学級委員……なる！

　この子は6年生まで一度も学級委員に立候補したことがない。その子が、初めて安全地帯から抜け出した瞬間である。

　2学期、3学期も立候補し、3学期の学級委員として活躍した。

☞ ワンポイントアドバイス

　「挑戦することの大切さ」は毎日のように子供たちに伝えていく必要がある。なぜなら、人は、「挑戦することが苦手」だからである。今のままでいたいと思うのが普通である。しかし、挑戦なくして成長はないのである。意図的・計画的に挑戦を促さなければ、挑戦する子たちは生まれてこない。

挑戦する習慣を身につけたくなる授業

算数の授業「4m＋2」で挑戦することの大切さを教える

1 間違える経験を意図的にさせる

　授業で子供たちを鍛えていく。

　毎日の授業の中で、ほんのちょっと挑戦する経験を積ませる。

　子供たちに課題を与え、どんどん挑戦させていく。

「挑戦することは大切だ‼」

と言葉で言うのは簡単だが、いざ、「挑戦する」となるとできない。

　みんなの前で発表したり、みんなの前で間違えたりすることは、大人だってなかなかできない。

　しかし、それができるかできないかで成長の度合いは変わる。

「挑戦することの大切さ」「間違えることの大切さ」を伝えるために、算数の最初の授業で毎年行う授業がある。

2 算数の授業「4m＋2」（向山洋一氏実践追試）

> 　4＋2、わかる人？

　全員の手が挙がる。

「すごいなー、天才だ」

と私が言うと、当たり前でしょ、といった顔を全員がしている。

　そして、次の問題。

> 　4m＋2

　子供たちの顔が変わる。

　そして、次々に答えていく。

・6m・8m・6㎝など、いろいろ出る。

　正解は、……「できない」。

　ポカーンとする子供たち。

　4mと2を足すことはできません。だから、答えは、「できない」になる

（もしくは、4mと2）。

　次々に問題を出していく。

　子供たちが苦戦したのは、次の2つの問題。

　⑨4×2m

　この問題は、2つの意見に分かれた。

「8m」と「できない」である。

　答えは、……「8m」。

　2×3は、3×2。

　かけ算は、a×b＝b×aで、逆にしても答えは同じ。

「あーなるほど」

という声が聞こえてくる。

　4÷2mは、「できない」があるので引っかかる。最後の問題。

　⑩4m×2m

　次々と×が続く。

「残念」「なるほど、違う」

　何度も挑戦する子のノートには、×が次々についていく。

↑実際の児童のノート　全問正解する子は今まで1人もいなかった。

　×がたくさんついているということは、「挑戦」した証拠となる。

　子供たちに、

と伝える。

　挑戦し、間違えることを体感させるのだ。

　何度も挑戦を続けていると、教室の空気は、熱中状態となる。

「えーなんでー！」

　席に戻り、また持ってくる。

「何回も挑戦しているあなたは素晴らしい。残念」

と言って、×をつける。

「答えを言いましょうか」

と言うと、

「待ってください」

「ダメです」

と反応が返ってくる。

　そのことを褒める。

「すぐに諦めるのではなく、絶対解こうとする気持ちが伸びる人の条件の１つですね」

と伝える。

　すると、正解する子が出てくる。

　５回目の挑戦で正解を出したA君が、

「よっしゃー‼」

と叫ぶ。

　クラスで「おーすげー」と拍手と歓声が上がる。

　黒板に長方形を書き、

「４mの花壇があります」

というヒントを出すと、続々と正解が出る。

「そういうことかー‼」

　授業で書いた自分の答えは、消さないように指導する。

3　授業で何度も挑戦し、間違えることが大切であることを語る

　最後にこのように伝える。

「今日の算数の授業では、たくさんの人が何回も間違えました。

　でも、間違えても諦めずに何度も挑戦し続けていました。

　これが、勉強なのです。

　間違えても何度でも挑戦する。

教室は、たくさん間違える場所です。

間違えた分、賢くなることができます。

大切なのは、「挑戦」することです。

これから、たくさん間違えて、そして、「挑戦」していきましょう」

この話を子供たちは、真剣に聞いてた。

「よし、挑戦しよう‼」

という気持ちが伝わってくるのである。

言葉で「挑戦することが大切」と伝えるだけでなく、授業の中で意図的に「挑戦する場面をつくる」ことが必要なのである。

最初に正解を出したA君の算数授業の感想

「このクラスの『やってみよう』という目標が生かされたかなと思います。何回もやることが改めて大切だと実感しました」

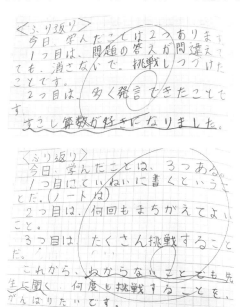

←授業後の子供たちの授業の感想である。

「挑戦」することが自分の成長につながることを、算数の授業を通して伝えた。

ふり返りに「挑戦」というキーワードが書かれていることから、子供たちは、授業で「挑戦」を学んでいることがわかる。

1年間、何度もノートに×をつけていく。

その×は自分の成長の勲章となるのである。

👉 **ワンポイントアドバイス**

4m＋2の授業は、リズム&テンポと対応が重要である。初めて授業をしたときは、クラスの雰囲気が悪くなってしまった。私が明るく対応できなかったためである。間違えた子に「挑戦したことが立派」と力強く明るく伝えられるかがポイントとなる。間違えても大丈夫な空気をつくれるかである。

失敗を恐れない子供が育つ学級に必要なもの

苦手は失敗ではなく、成長するチャンス

1　苦手ではない。知らないだけ

「私、絵が下手」「俺、絵が苦手」
と黒板に書いた。

　そして、

　　絵が苦手な人？

と聞いた。

　多くの子が手を挙げた。

　私は、

　　「絵が苦手なのではない。○○だけ」

と伝えた。

「努力していない」「練習していない」「挑戦していない」
などの言葉が出る。

　私は、ある子のエピソードを話した。

　朝の出来事である。

　現在、カウントダウンカレンダーを作成している。

　A君が、サッカーのユニフォームをカレンダーに描いていた。

　そこで、

「俺、めっちゃ下手くそ。絵が苦手なんだよな」
とつぶやいていた。

　私は、そっと近づき、ユニフォームのイラストの写真をiPadで見せた。

　さらに、ユニフォームの描き方のポイントを示した。

　数分後……、

「先生、見てください！　どうですか？」

　前とは違うユニフォームの絵になっていた。

　嬉しそうに何個もユニフォームの絵を描くA君の姿があった。

　　「A君は、絵が苦手なのでしょうか？」

と言いながら、もう一度聞いた。

> 「絵が苦手なのではない。〇〇だけ」

女の子が
「描き方を知らないだけ・・・・」
とつぶやいた。
「その通り！！！」

> 「絵が苦手なのではない。描き方を知らないだけ」

なのだ。
　と言ってA君のビフォーアフターを見せた。
「おー上手！」「すげー」
などの声が上がる（A君とっても嬉しそう）。

> 「描き方を学べば、ある程度は誰でも描けるようになるのです」

　つまり、苦手と言っている人は、「描き方を学んでいないだけ」なのである。

2　苦手なときこそ、ちょっと学べば成長になる

　今の時代。本当に便利である。YouTubeなどを使えば、ある程度のことが動画で学べる。

> （例）
> 「料理が苦手」→「作り方を学ぼう」
> 「サッカーが苦手」→「ドリブルの仕方やパスの仕方を学ぼう」
> 「歌が苦手」→「発声の仕方を学ぼう」　など

「苦手だから……」
というのは、「私は学ぼうとしていません」という宣言なのだ。
　苦手だからこそ、「学ぶ」のです。

> 　苦手は成長のチャンス。
> 　苦手を克服するための行動を「挑戦」というのです。

と子供たちに伝えた。

☞ ワンポイントアドバイス

　誰だって苦手と思っていることは、やりたいとは思わない。しかし、苦手こそ成長のチャンスと思うと、ちょっとワクワクする。「苦手なときこそ学ぶ習慣」を身につけたら、挑戦したくなる。新しくできるようになることが増えたら嬉しい。A君が、ユニフォームを描くことが苦手でなく特技になったように。

5 　毎日の発表で挑戦するスキルを高める

「発表が苦手」は、成長するチャンスである！ 暗唱テストで「チャンスの女神」を教える

1　毎日、挑戦するチャンスがあるのが学校

　学校では、日々挑戦するチャンスを意図的につくる。

　毎日の授業の発言や発表は、格好の挑戦するチャンスである。

　おすすめが、暗唱テストである。

　国語の授業に詩がある。

> 見ないでスラスラ言えるようになるまで練習します。

　1分ほど、練習時間を取る。

> 「暗唱挑戦したい人？」

と聞くと、4月の最初では2名が立候補した。

　2人とも2行目以上は暗唱することができなかった。

　ここで伝えたかったことは、できるかできないかではない。

【できなくても挑戦したことに意味がある】

　つまり、

> 挑戦する練習をしているのです。

　失敗を恐れていて手を挙げないでいたら、自分の成長はない。日々挑戦を続けられる子が伸びる。

　挑戦し、手を挙げた人と挙げなかった人は、

> 天と地ほどの差がある

と伝える。

2　チャンスの女神は前髪しかない

　繰り返し子供たちに言う言葉がある。

> チャンスの女神は前髪しかない

である。

　チャンスの女神は、後ろ髪がないのである。

　だから、常に、チャンスをつかもうと心に決めていないと、前髪をつかむことはできない。

成長のチャンスをつかめない人は、一生成長はしない。

「挑戦したい人？」

と聞かれた時に、とにかく手を挙げる習慣を身につける。

　成長する人が持っている習慣の１つである。

　チャンスの女神の話を聞いた子が書いた日記。

　私は今年、先生のいろいろな話を聞き、その中でも一番心に残っている話があります。

「チャンスの女神は前髪しかない」

という話です。

　なぜかというと、名前も衝撃的だし、内容がよいと思ったからです。私は、昨年までそういう話は、別に、信じても何もないと思っていました。でも、今年、松島先生のクラスになって情熱的にそういう話をしてくれる人を初めて見て、とっても心が動き、努力&いろいろなことに挑戦するようになりました。

　そのおかげで英語でも１人で歌えるようになりました。

チャンスの女神の話は、子供たちの心に残るようである。カツラの発想は驚いた。

ワンポイントアドバイス

　暗唱テストは、人前で失敗する練習でもあるのだ。誰でも人前で恥をかきたくない。失敗などしたくない。しかし、失敗の経験は全て自分の成長につながることを教えることも大切である。日常的に挑戦する機会をつくることで、挑戦する習慣を身につけさせていく。

スピーチで挑戦するスキルを高める①

スピーチコンテストに挑戦で 成長を実感させる!

1　学期に1回行うスピーチコンテスト

　学期に一度、スピーチコンテストを行っている。

テーマは、

「自分が成長したこと」

で行う。

　1学期のスピーチと3学期のスピーチでは、まるで別人のようになる。

　スピーチコンテストを行う目的は3つある。

1　自分の成長を振り返る

2　人前で話をするプレゼン力の向上

3　挑戦する力を高める

　学期の最後にスピーチコンテストがあることによって、

日常の発表から意識して鍛える

ことができる。

2　スピーチコンテストの実施方法

　スピーチコンテストを評定する。

　評定があることによって、子供たちはより真剣になる。

　評定の項目は、5つの観点で行う。

1　声の大きさ
2　表情
3　目線
4　つかみの15秒
5　内容

である。

　1項目10点で、50点満点として行う。

スピーチが最初から得意な子はいない。9割の子は、スピーチが嫌いであり、苦手である。苦手なことだからこそ「挑戦」を教えるチャンスである。

3 スピーチコンテストの審査 全員40点以上

「全員40点以上でした」
と伝えた瞬間に、教室は熱狂状態になった。自分のスピーチはもちろん、友達のスピーチを応援する姿、休み時間に友達同士で練習する姿もあった。人前で自分の考えを表現する力は、どの教科においても必要であり、社会に出てからも絶対に身につけるべき力である。

スピーチ評定記録表 （名簿に手書きに記入してく）							
	目線	声の大きさ	表情	つかみ	内容	合計	メモ
Aさん	10	10	9	10	10	49	自分から行動
Bさん	8	9	8	8	8	41	成長の芽
Cさん	10	10	10	8	10	48	リアクション
Dさん	8	8	9	8	10	43	文章量
Eさん	8	10	9	10	9	46	挑戦を続ける
Fさん	8	10	10	8	8	44	あいさつ
Gさん	9	10	9	10	9	47	日記
・・・	・・・	・・・	・・・	・・・	・・・	・・・	・・・
・・・	・・・	・・・	・・・	・・・	・・・	・・・	・・・

なぜ、この点数であるのかを教師は解説できなければならない。つまり、「明確な評価基準」をもっておく必要がある。子供たちが点数に納得できるかがポイント。

全員のスピーチにコメントできるようにキーワードをメモする。子供が納得するコメントができるかが重要。子供たちは教師のコメントを楽しみにしている。

4 自分にしかできないスピーチを目指せ！！

3学期になるとスピーチのレベルが劇的に変化する。なぜなら、「人に伝えたい」ことが出てくるからである。子供たちの日記に「次のスピーチが楽しみ」「自分の成長した姿を表現したい」ということが書かれてくる。

「成長を実感する1年」だったか、スピーチを聞けば一発でわかる。

　全員に「成長したエピソード」があるように、1年間指導するのだ。

　私は、よいスピーチの条件として、

自分にしか言えないエピソードに価値がある

と伝える。次に、伝えたいエピソードが決まったら、

どう伝えるか

が大切であることを伝える。

　ここからは工夫と技術が必要となる。

　松島は、話し方を工夫しています。どんな工夫をしていると思いますか。ノートに書きなさい。

　子供たちから以下の10個が出た。

1	一文を短く	6	表情
2	声の高さ	7	目線
3	リアクション	8	歩き方
4	話すスピード	9	ジェスチャー
5	間	10	声の大きさ

話し方のポイント10として子供が掲示物を作成
教室に掲示した。→

　1つ意見が出るたびに、実際に
「工夫ありとなしを例示」してみせた。

　例えば、

「一文を短く」は、だらだら話す場合と短く話す場合。

「間」は、これは……（間）……チョークです。

　これはチョークです。のように。

　実際に、例示することでイメージをもたせた。

　3学期の成長スピーチ。毎年、子供たちに驚かされる。

【ニュース番組風の演出】

「ニュースの時間です。このたびは、大変申し訳ありませんでした。私は、この1年間で成長し過ぎてしまいました」

【スティーブ・ジョブズ風の演出】

「このグラフを見てください。この急成長。何が起きたと思いますか」

【歌を披露する】

「このクラスで挑戦できるようになりました。今なら歌だって歌います」

5　授業参観でスピーチ　保護者からの感想

　6年生2学期の授業参観。
「修学旅行」をテーマにしてスピーチを行った。授業後に保護者から届いた感想を紹介する。

○第一印象は、「目がテン」……よい意味で驚きました。これから大人になるにつれ、プレゼン能力や皆の前に出て司会をすることが仕事だけでなく、地域の活動でもあります。できないと逃げる人も多いですが、実際やるとそうでもなく、慣れれば緊張も減ってきます。慣れは多くの経験がつくってくれます。今からそのようなスキルを鍛えていただきありがとうございます。

○スピーチをすると聞いていましたが、想像していたものよりみんな上手で驚きました。自分で考えて人の前で話すことは簡単なことではないと思うのですが、みんな前をしっかり見て話ができて素晴らしかったです。聞いている子もしっかり聞いてとても楽しそうで、素敵なクラスだなと思いました。よい活動が見られました。

○スピーチどうだった？　すごく上手だったよ。あんなに堂々と話せるなんてびっくりしたよ。緊張して間違えちゃった？　全然わからなかったよ。立派だったね。恥ずかしがり屋な娘がひと回りもふた回りも成長した姿に驚きました。残りわずかな小学校生活。もっともっと成長できると楽しみです。

✌ ワンポイントアドバイス

　なぜ、スピーチコンテストを実施しているのか。子供たちの1年間の「挑戦」をわかりやすく表現できる活動だからである。日々、自分がどのような挑戦をしてきたか、成長を実感してきたか、スピーチすることで振り返る。人前で表現できるようになった子供たちは、自信に満ち溢れた表情になる。

スピーチで挑戦するスキルを高める②

スピーチの技能を高める 具体的な指導

1　技能を上達させる指導の7条件（谷和樹氏実践追試）

　スピーチで成長を実感させるために必要な指導を紹介する。谷和樹先生が示された7条件に当てはめてスピーチ指導を行った。

> 谷先生が示した「技能を上達させる指導の7条件」
> (1) 模倣させる
> (2) 反復させる
> (3) 局面を限定する
> (4) 活動量（運動量）を保証する
> (5) 緊張感のある場面を通す
> (6) 客観視（メタ認知）させる
> (7) 上達の目安を持たせる

(1) 模倣させる

　子供たちは、上手なスピーチの仕方をイメージできない。手本を示す必要がある。3つの方法を紹介する。

①教師が手本を示す

　子供たちから「おー」と歓声が上がるようなスピーチを教師ができるかどうか。教師自身もスピーチのトレーニングが必要。

　私は、人前で話をすることを日課としている。

②過去の学級のスピーチ映像を見せる

　今までのクラスのスピーチの映像を紹介する（個人情報の関係からモザイク処理をするなどが必要な場合もある。音声だけでも参考になる）。子供たちからは、毎年、

　「すごすぎる」「私たちには無理かも」などの声も上がるが、

　「安心してください。必ず上達しますから。去年の子たちも最初は無理って言っていました」

　と伝える。

③プロのスピーチ映像を見せる

　スピーチが上手な人やプロの講演家の動画を紹介する。

　自分にとって憧れのスピーチをイメージさせる。

⑵ 反復させる

　スピーチ原稿を作り、何度も練習するように伝える。D・カーネギーは「話し方入門」の中で、

　【話し上手になりたかったら、とにかく練習することだ】と書いている。このことを子供たちに話をする。

> 　話が苦手という人は、圧倒的に人前で話をする回数が少ないだけなのです。苦手ではなく、回数が少ない。スピーチが上手な人は、毎日、学校でたくさん発言していますよね。だからどんどん上手になる。逆に、苦手だから……と言って、発言しないから上達もしないのです。とにかく、まずは回数です。その一歩を踏み出すことです。

と、毎日の授業で、発表する挑戦が大切であることを伝える。

　しかし、いきなり、「発表しなさい」のハードルは高い。

　よって、⑶〜⑺の手順が必要となる。

⑶ 局面を限定する

　最初の言葉だけ発表させる。

> 「皆さん、こんにちは」だけを発表します。

　誰でも言える簡単な1フレーズだけにする。

⑷ 活動量（運動量）を保証する

> 「皆さん、こんにちは」を10回練習したら座ります。

　早く言い終わった子には、座っても練習しているように伝える。

⑸ 緊張感のある場面を通す

①ペアでの発表

> 　隣の人と発表します。相手のよい部分を見つけます。

　相手の発表で、よかった点を伝え合う。相手の否定はしない。

　「隣の人が上手だった人？」と聞き、発表させてもよい。

②グループでの発表

> 　班の中で発表します。相手のよい部分を見つけます。

相手の発表で、よかった点を伝え合う。相手の否定はしない。

班の中で上手な子を代表として紹介してもよい。

③全員の前での発表

> 1人ずつ発表していきます。

友達の発表に対して、冷やかしや否定は絶対にさせない。少しでも冷や
かしや否定があったら、スピーチ検定は失敗となる。

(6) 客観視（メタ認知）させる

発表に対して点数をつける（個別評定）ことで、誰の発表がよくて、自分
に何が足りないのかをメタ認知させる。個別評定で大切なのは、明確な基準
である。4月の基準は低くてよい。だんだん上げていく。

> 全員の前で発表できたら合格です。

と基準を示し発表させる。

1人、2人、班で練習しているので、全員ができる。次々と
「合格、合格、合格・・・・」
と伝えていく。

徐々にレベルを上げる。

> 今日は声の大きさを評定します。

評価基準は以下の通り。

AAA	校庭で聞こえる	AA	学年集会（体育館）で聞こえる
A	全員によく聞こえる	B	全員に聞こえる
C	全員に聞こえない		

評価基準を上げることで、1人での練習にも熱が入る。

他にも、「表情」「目線」「つかみの第一声」などの基準を示し評定す
る。自分の発表の様子を映像で見せるのも有効な手段の1つ。

(7) 上達の目安を持たせる

100回、100日続けることで少しずつ変化が出ることを伝える。1回や2回
発表したからといって急に成長はしない。有効なのは、過去のクラスの子た
ちの成長の変容。1学期と3学期のスピーチの変容した映像を見せること
で、「私も同じように成長したい」という気持ちに火をつける。

「挑戦」を信じると成長できるのである。

2　スピーチ原稿で伝えたいことを明確にする

ワークシートを使ってスピーチの準備をする。

スピーチ原稿

6年　　組　　番 氏名　　　　　　　練習した回数　　　回　目標回数　　回

Ⅰ　スピーチのタイトル

[　　　　　　　　　　　　　　　　　　　　　　　　　　　　]

2　Ⅰ番伝えたいことは何か

[　　　　　　　　　　　　　　　　　　　　　　　　　　　　]

3　伝えたいことを伝えるためのエピソード

エピソードⅠ

[　　　　　　　　　　　　　　　　　　　　　　　　　　　　]

エピソード2

[　　　　　　　　　　　　　　　　　　　　　　　　　　　　]

検定項目

Ⅰ　目線
2　声の大きさ
3　表情
4　つかみの15秒
5　内容

誰もやらないような言葉・方法で目指せ！No.Ⅰ！

👈 ワンポイントアドバイス

　クラスの実態に応じて個別評定の評価基準を決めている。ポイントは、「楽しい雰囲気」でやることである。クラスで何を言っても大丈夫であるという雰囲気があるから挑戦することができる。この空気をつくるのは、まず教師。そして、話を聞いている周りのリアクションも大切であることを教える。

8 体育「表現指導」で挑戦するメンタルを高める①

子供の動きがダイナミックに
劇的に変わる指導

1　上達する仕組みが子供の動きを変える

　運動会で七頭舞という表現運動を行う。ダイナミックな動きと大きな声を出すことが求められる。

「もっと大きく手を動かして」

「もっと大きい声出せるだろ」

　教師の大きな声が校庭中に響き渡る。効果がないわけではない。教師の鼓舞によって、子供たちの心に火をつけることはできるだろう。しかし、鼓舞だけでは限界がある。必要なのは、

上達する仕組みをつくる

ことである。

　私が作成したのは「検定表」である。

年　　組　　番 名前【　　　　　　　】	氏名	1回目
審査員		先生
1　踊りの基本 （間違えずに踊れるかなど）	10	
2　表現力 （声の大きさ、表情など）	10	
3　踊りの大きさ （肘・膝が伸びているかなど）	10	
合計	30	
結果		

1級 30点：歴代長柄小七頭舞に名を残すことができる技能
2級 27点：邑楽祭りで堂々と演技できる技能
3級 25点：全校児童の前で一人でも堂々と演技できる技能
4級 23点：全校児童の前で堂々と演技できる技能
5級 20点：センターで踊ることができる技能
6級 18点：下級生の前でお手本を披露できる技能
7級 15点：学年でベスト10に入る技能
8級 12点：下級生に七頭舞を教えることができる技能
9級 10点：人前で一通り踊ることができる技能
10級 9点：踊り方がわかり一通りできる技能

　１項目10点として３項目で評定する。

　合計30点となる。

　１級目指して子供たちは何度も挑戦する。

検定システムを導入することによって、子供たちは、休み時間に練習するようになる。中には、家でも練習している子も出始める。

検定は何度でも挑戦してよいこととする。

7回まで検定が受けられる検定カードを作成した。

どの先生に検定してもらったのかも記入する。

七頭舞検定表

年 組 番 名前【　　　】	水準	1回目	2回目	3回目	4回目	5回目	6回目	7回目
審査員		先生	先生	先生	先生	先生	先生	先生
1 踊りの基本（間違えずに踊れるかなど）	10							
2 表現力（声の大きさ、表情など）	10							
3 踊りの大きさ（肘・膝が伸びているかなど）	10							
合計	30							
結果								

認定基準
1級 30点
2級 27点
3級 25点
4級 23点
5級 20点
6級 18点
7級 15点
8級 12点
9級 10点
10級 9点
七頭舞基本検定を合格した者は、11級とする。

1級 30点：歴代長柄小七頭舞に名を残すことができる技能
2級 27点：邑楽祭りで堂々と演技できる技能
3級 25点：全校児童の前で一人でも堂々と演技できる技能
4級 23点：全校児童の前で堂々と演技できる技能
5級 20点：センターで踊ることができる技能
6級 18点：下級生の前でお手本を披露できる技能
7級 15点：学年でベスト10に入る技能
8級 12点：下級生に七頭舞を教えることができる技能
9級 10点：人前で一通り踊ることができる技能
10級 9点：踊り方がわかり一通りできる技能

2　検定する技を見極める

七頭舞を最初から最後まで踊ると10分以上かかる。検定は、一部分のみで評定する。私が検定として選んだのは、メインの動きになる「三足」という動きである。「三足」を踊り、全部踊らなくても途中の段階でも「15点」と伝え、次々と評定していく。

ポイントは、

> 「時間をかけずに次々と評定する」

である。

子供たちは、自分の番がくる前も必死で練習を何度もしている。採点は厳しいほうが燃える。

3　子供たちが検定に飽きない工夫

ただ、検定表を導入するだけでは子供たちは熱中しない。工夫をしなければ、子供たちは、途中で飽きてしまうのだ。飽きるのは当然なことである。

向山洋一氏は『子供を動かす法則』（学芸みらい社）の中で、

> 「最後までやり通させるためには3つの技能が必要である」

と述べている。

> 技能1：時々、進行状況を確かめる。
> 技能2：前進した仕事を取り上げ、褒める。
> 技能3：偶発の問題を即座に処理する。

(1) 七頭舞努力シートを活用する

　検定の他に練習回数を記録していく。練習するたびに1つずつ色を塗っていく。

　クラス全員の練習回数の目標を立てて目指してもよい。

　練習回数1000回など。

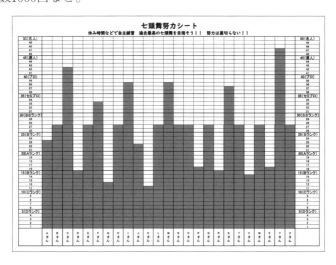

(2) 日記を学級通信で取り上げ、褒める

　検定を始めると必ず日記に検定のことを書いてくる子が出てくる。日記を全員の前で紹介したり、学級通信で紹介してたりしてクラス全体のやる気に火をつけていく。左の日記は、検定の結果にショックを受けたと書いてある。検定は厳しく評定をする。さらに、クラスの友達の名前をあげ、目標にしている。互いに刺激し合いながら

練習することによって、七頭舞の動きが劇的に変わっていく。

(3) 教師は先頭集団を褒め過ぎない

検定を導入する上で、最も重要であるのが、

> 全員を合格させる

である。

七頭舞が得意な子たちは、自分から進んで練習をし、1級目指して休み時間にも夢中で練習に取り組む。しかし、七頭舞が苦手な子も必ずいる。この子たちへの指導をどのようにするかがポイントである。教師はどうしても一生懸命頑張っている子たちと休み時間に過ごす時間が多くなってしまう。さらに、休み時間に練習している子たちを取り上げ、褒めてばかりになる。気づくと、練習しないことが悪いことのような雰囲気すら教室に出てしまうのである。こうなると、

> 苦手な子たちのやる気はどんどん低下する。

私は、七頭舞に対して意欲的でない子たちと意図的に多く関わるようにする。七頭舞を一緒にしなくてもよい。別の遊びでも会話でもよい。七頭舞が全てではないからだ。無理に七頭舞をやらせようとすると、だんだん踊ることが嫌いになってしまう。このようなスタンスで接していると、「ちょっと練習してみようかな」という気持ちを出すことがある。この瞬間を見逃さないことである。

苦手な子は、

> やりたいけど、下手な姿を見られたくない

という可能性がある。

どうしても頑張っている子ばかりに目がいきがちになってしまう。温度差を埋め、全員を挑戦させる。

これも大切な教師の仕事。

☞ ワンポイントアドバイス

仕組みをつくり、最後までやり通す。教師の覚悟がなければ全員に挑戦をさせることはできない。1人の例外もなく、挑戦させる。自分自身と闘わせるのである。9級の子を8級に挑戦させる。8級の子を7級に挑戦させる。1つでも上を目指そうとしていることを見逃さず褒めるのである。

体育「表現指導」で挑戦するメンタルを高める②

「俺、ソーラン節やりたくねー」 と言う子にどう対応するか

1　一番後ろでやる気なく踊る男子

　運動会の表現運動で「南中ソーラン」を踊る。2学期になり、練習がスタート。ソーラン節の練習になると、毎回、一番後ろに行き、だるそうに踊っているA君。

「俺、ソーラン節やりたくねー」と休み時間にぼやいているのを耳にしていた。

　絶対やってはいけないNG指導が、高圧的な指導。

> 「みんな一生懸命やっているのに、士気が下がることを言うな」

と言った瞬間、彼はソーラン節を大嫌いになる。

　私は、彼のつぶやきから2つの視点で分析した。

> ①ソーラン節を踊れないからやりたくない。
> ②ソーラン節を踊れるけど面倒くさいからやりたくない。

　分析した結果、前者であった。彼は、カッコいいソーラン節を自分で踊ることができないから、だるそうにしたり、わざとふざけたりして踊っていたのである。

　いかに強制せずに、やる気に火をつけるかを考えて指導を行った。

2　お手本の例示はYouTubeを活用する

　YouTubeで「ソーラン節」と検索すると、たくさんのソーラン節を見ることができる。その中で、カッコいいソーラン節を紹介する。子供たちからは、「すげー」「カッコいい」と声が上がる。もちろん、卒業生のソーラン節の映像を見せるのでもよい。YouTubeではプロのダンサーが踊っているものがあるので、憧れをもたせるのにはもってこいの教材となる。さて、映像を見た彼の反応はどうだったかを観察する。

「めっちゃ、かっこいい。やばいです」

と言っていた。

「小学生でどれだけできるか、楽しみだな〜」

と伝えた。

　もちろん、映像を見せただけでは、踊りの練習をしたり、踊りが上達したりすることはない。あくまできっかけづくりである。

3　ソーラン節検定で自主的に練習に取り組ませる

　ソーラン節の練習をしているときに、適当に踊ったりふざけて踊ったりすることもある。

「ちゃんとやれ」「気持ちが入っていない」

と注意しても効果はない。逆効果になるだけである。

　私が導入したのが、ソーラン節検定である。

　ソーラン節の踊りを10のパーツに分けて指導する。

　全員に身につけさせたいレベルは、30点である。

　30点にいけば第一段階クリアである。最高は100点。

小学校　ソーラン節　検定表

目標			6年　組　番　名前	

	技の名前	正確に踊れる（5点）	6点〜10点	【認定基準】
1	波の動き			1級　100点 →歴代沢野小ソーラン節に名を残すことができる技能
2	網巻（つなまき）			2級　95点 →太田祭りで堂々と演技できる技能
3	どっこいしょ			3級　90点 →全校児童の前で一人でも堂々と演技できる技能
4	ろこぎ			4級　80点 →全校児童の前で堂々と演技できる技能
5	巻きポーズ （クルクルシャキーン）			5級　75点 →学年の前で踊ることができる技能 6級　70点 →クラスの前で手本を披露できる技能
6	やっこさん 左右上げて下げる			7級　65点 →学年でベスト10に入る技能
7	太腿たたき〜 左右にゆれる			8級　60点 →下級生にソーラン節を教えることができる技能
8	海の水平ポーズ			9級　55点 →人前で一通り踊ることができる技能
9	荷揚げ			10級　50点 →踊り方が正確に一通りできる技能 11級　40点 →踊り方が一通りできる技能
10	歓喜のポーズ ハイハイハイ			12級　30点 →踊り方がだいたい一通りできる技能
	合計得点	点　　　級	点　　　級	級

２人の男子が、ふざけながら私の前へソーラン節検定を受けにきた。
「どうですか」
とニヤニヤしながら言うので、私は、たった一言。
「２点」
と伝えた瞬間に頭を抱える彼らを見て、周りの子は笑う。悪い雰囲気にはならない。注意で踊らせると雰囲気が悪くなるのだ。検定表があれば、踊りに対して評定すればよいのだ。もちろん、評定の仕方は、技能が必要である。なぜ、２点なのかをきちんと瞬時に伝えられなければならない（「授業の腕を上げる法則」を読み込み、何度も授業技量を高める修練も必要）。
・膝が曲がっていないから　　・リズムに合っていないから
という明確な基準を伝えると、子供たちも何度も熱中し、検定に挑戦するようになる。

４　休み時間も自主的に練習をし始める子供たち

　休み時間もソーラン節の練習を始める子たちが出てくる。「ソーラン部」と名前をつけ練習が始まった。授業以外も練習すると、見る見るうちに上達していく。日記にソーラン節のことを書いたり、ソーラン節ノートを作り保護者と共に練習したりする子も出てくる。素晴らしいことである。ただし、ここでの重要なポイントは、

> 先頭集団を褒め過ぎない

である。
　どうしても休み時間に頑張っている子たちを全員の前で取り上げ褒めようとしてしまう。そして、全員を休み時間に練習させようとしてしまう。そうなると、休み時間にソーラン節をやらない子の気持ちがどんどん冷めていくのである。私は、休み時間に練習しない子たちをどうにか練習させようとして、何度も失敗してきた。自主練というのは、強制された瞬間に価値のないものになるのである。
　先頭集団を褒めるタイミングがポイントになる。

５　ソーラン節だけが全てではないと伝える

　ソーラン節が得意な子もいれば苦手な子もいる。私が伝えることは、

> 「運動会であなたは何で輝きますか？」

　自分が輝けるもの１つを見つけ、どう輝くかを考え、行動することが大切

であると伝える。

　ソーラン節で輝こうとする子は、必死で毎日練習する。

「俺、リレーで輝きます」

と言う子は、休み時間にリレーの練習をスタートさせた。

　運動があまり好きな子ではないCさんは、

「私、ビデオ係で輝きます」

と言って、ソーラン節の練習の様子を動画で撮っていた。この動画を使って
みんなの振り返りを行った。

　応援で輝く、準備で輝く、行動スピードで輝く、さまざまあった。

　全員が何かしらの輝けるものをもつ。このように、教師は、全員にスポットライトを当てるようにしていく。全員が満たされた状態であるから、友達の頑張りも素直に認められるようになる。

　この状態になれば、**先頭集団を褒めちぎってよい。**

6　1番後ろで踊っていた子が、本番は最前列で踊る

　A君が、家に帰り保護者に自慢していたそうだ。

「俺らのクラスの女子のソーラン節。まじすごいよ！」

　先頭集団を褒めても素直に受け入れている証拠だ。なぜなら、自分も認められているからだ。A君は、リレーで輝こうと走る練習をしていた。リレーで仲間からも応援される中で、ソーラン節も気になっていたようである。結果、休み時間に、少しではあるがソーラン部の練習にも参加するようになった。さらに、練習中に、

「俺、家で練習しよう。なんか覚醒してきた」とつぶやき、ソーラン節を家で特訓し始めた。そして、本番。彼が踊った場所は、「最前列」であった。自分で希望し、最前列で踊ることになった。当日、全力でソーラン節を踊る姿は、1ヶ月前とは別人の姿であった。誰よりも彼自身が自分の成長を実感したことであろう。ソーラン節練習を強制していたら絶対に彼は、「最前列に挑戦」していなかっただろう。

☞ **ワンポイントアドバイス**

　運動会の表現運動は、どうしても教師の「やりたい」という気持ちが強くなる。見た目を気にするような指導に陥る。子供の「やりたい」を無視すると「強制的」な指導になる。いかに「子供たちのやる気」を「強制的」でなく高めるか。形式的な指導では絶対に生まれることがない子供の事実がある。

挨拶での挑戦で成長を実感させる

「わかる」と「できる」は違う

1　全校児童が集まる場は、挑戦の場である

> 全校集会は、全校児童に挨拶の大切さを伝えるチャンス

と教える。

> 全校で集まる場面での挨拶は、毎日クラスで行っている挨拶の力を発揮する場面なのです。

さらに、挨拶のレベルを子供たちに教える。

初級レベル：クラスできちんと挨拶できる。
中級レベル：学年できちんと挨拶できる。
上級レベル：全校児童できちんと挨拶できる。

毎回の全校集会での挨拶が素晴らしい学校は、大舞台の運動会や卒業式も、挨拶練習などしなくても素晴らしいのである。

2　「わかる」と「できる」は違うことを実感させる

全校集会での挨拶（クラスで行っている声の半分以下だった）。

> 今日の全校集会での挨拶を全力で行った人？

誰も手を挙げない。

理由を聞くと、「恥ずかしかった」「タイミングがわからなかった」。

クラスでの挨拶の声は大きくできるが、体育館では出すことができないという実態に全員が気づいた。

> このままでいいですか？

と聞くと、誰一人手を挙げなかった。

これを克服するには、【日常の挨拶レベルを高める】しかない。

いつでも、どこでも、きちんと挨拶ができるようになる。

クラス以外の場面でも同じようにできたとき、それが、自分の本物の力ということ、全校で集まる場面は、挑戦するチャンスであることを伝えた。

3　全校集会は毎回が挑戦の機会

全校集会前の朝の会で、子供たちに伝える。

> 全校児童の前で、「挨拶の声」のお手本となる。

教室での朝の挨拶。

いつも通り、絶好調の挨拶が行われる。一言加える。

> 「この挨拶を体育館でもやりましょう」

と伝える。数名の男子は、「任せておいてください」「やりますよ」
と自信満々。いざ、体育館へ。

号令がかかり、全校で「おはようございます」の挨拶。

さて、結果は……あれ？　次に校長先生の話の時の挨拶。

校長先生：「おはようございます」

全校児童：「おはようございます」

あれ？　あれ？　というのは、教室の挨拶と違う。

自信満々だった子たちの声も聞こえてこない。教室に戻り、理由を聞く。

「タイミングが難しい」「出そうと思ったけど勇気が出ない」
「恥ずかしくなってしまう」

という声があった。その中で、「悔しい」という声があった。

この「悔しい」という気持ちが大切であると伝える。

やろうと思ってもできない。

> 「わかる」と「できる」は違うのです。

「できる」ようになるためには、それなりの練習や勇気や覚悟が必要なの
だ。教室で子供たちに伝える。

> ○○小学校の挨拶を変えるのは、誰なのか。
>
> 最高学年の6年として、お手本を示せるのは誰なのか。
>
> 最初の1人になるのは、誰なのか。
>
> とっても勇気がいること。それだけ価値ある行動なのです。
>
> 大きな一歩を踏み出す瞬間を私は楽しみに待っています。

子供たちの目は、やる気に満ち溢れていた。

ワンポイントアドバイス

学校生活の中には、「挑戦」し「成長」する機会がたくさんあることを教える。
ただなんとなくやるのではなく、全ての行動に意味があることを伝える。説教では
絶対に伝わらない。何度も行動の意味を語り、行動させ、達成度に気づかせ、成長
させていくことが大切である。

貢献することで変わる子供のメンタル

「〇〇しなさい」ではなく、「〇〇したい」が大切

1　強制せずに貢献したくなるメンタルを育てる

「先生に褒められるからやる」

「叱られたくないからやる」

「言われたからやる」

　子供たちを強制的に動かそうとすると歪みが生じる。

　軍隊のように威圧的に指導すれば、全員がビシッと行動する。

　一見、これがよい教育かのように錯覚する現場。

　そうではなく、

【湧き起こるやる気に火をつけ、自主的に行動できる力】

をつけさせたい。

　どうすれば子供たちのやる気に火がつくか。

> 「貢献することを教えて褒める」

である。

　貢献するとは、

「ある物事や社会のために役立つように尽力すること」

である。

「貢献しなさい」

と、強制せずに「貢献したくなるメンタル」を育てるのである。

「自分で考えて行動しなさい」

「もう高学年なんだから」

と言って、行動できる子も中にはいる。

　しかし、何をすればよいのかわからない子が多数いるのである。

　何も教えずに、

「あいつはダメだ」

「人のことを考えない」

と切り捨てずに、どうしたら

「役立つ行動って、気持ちがよいことだ」
と考えるメンタルを育てられるかである。

2　掃除がしたくてたまらない

日記に

「通学路に落ちているゴミが気になる」

と書いてくる。

4月では気づかなかったことに、12月では気づくようになる。

なぜか。

日常の学校生活での意識が変わった

からである。

日常の掃除の仕方が変わることによって、きっと、周りのゴミに気づくことができるようになったのだろう。

学校生活の中で

「貢献すること」の大切さとともに「楽しさ」と「達成感」

を教えることである。

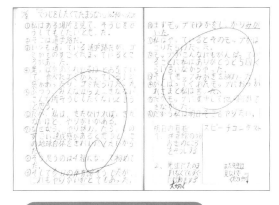

「やりがい」「床を磨いた」
「ありがとう」など、日常
で大切にしている言葉が
日記で表現されている。

☞ ワンポイントアドバイス

社会に貢献したいという気持ちになれるかどうか。やらされ感ではなく、自分から進んで人のためになる行動を起こす。「○○しなさい」ではなく、「○○したい」と子供たちがワクワクして学校生活を送るために、工夫し続ける。この工夫こそ大切な教師の仕事である。

2 貢献することの大切さを伝える語り

「貢献」することは、「徳を積む」ことである

....

1　「得」と「徳」の違いは何？

> 「とく」という言葉を聞いたときに、どんな漢字を思い浮かべますか？

「得」と「徳」という漢字を黒板に書く。

> どちらの「とく」のほうが大切なのでしょうか？

子供たちからさまざまな意見を聞く。

> ちなみ、この2つの違いは何でしょうか？

「得」は、目に見えるもの。

例えば、お金や物をもらうなど。

「徳」は、目に見えないもの。

例えば、人のために行動して「心がスッキリする」など。

「徳」は、自分の心のレベルを上げるために必要なことであることを教える。

「徳」は、自分で鍛えなければ高めることができないものなのである。

> 「徳」は、道徳の「徳」でもあります。
> （徳がある人は、心のレベルが高いのです。）
> 　私は、「得」よりも「徳」が大切であると考えます。
> 　なぜなら、「徳」が高い人は魅力的であり、人からも好かれます。
> 　「得」ばかりを考えると、どうしても自分のことばかりを考えてしまうものです。
> 　しかし、「徳」は違います。
> 　「徳」は、人のためになることを考えるのです。どうしたらみんなが喜ぶか、みんなが笑顔になるかを考えるのです。
> 　つまり、「貢献する行動」によって「徳を積む」ということになるのです。
> 　皆さんは、どんな「貢献」で「徳」を積みますか？

2　具体的な場面を紹介し、徳の大切さを伝える

　クラスで全員のために行動していた子がいたときに、以下のような話を

する。

> 　自分のことばかり考えていると「徳」は高まりません。
> 　昨日、書道がありました。
> 　書き終わった子から次々と片付け始めていきます。
> 　残り15分ほどになって、数名がある行動に……。
> 　それは、墨で汚れた教室の床や机を磨き始めているのです。
> 　私は、
> 「汚れを拭いてください」
> という指示は出していません。
> 　気づくと、Aさん、Bさん、Cさん、Dさんが、全員の机や床を拭いているのです。
> 　クラスのために「貢献」していました。
> 　まさに、「徳」を高める行動です。
> 　何かが欲しいからではなく、誰かが助かる、誰かが喜ぶ。
> 　結果、自分自身の「徳」が高まるのですね。

　具体的な場面を紹介した後に、必ず
「感想をどうぞ」
とクラスで気づきや学びを共有する。
　行動した4名は、さらに「貢献」する行動を増やしていく。

3 「見逃してはいけない」真似した子たちのこと

　行動した4名に刺激を受け、真似する子が必ずいる。
　教師は、見逃してはいけない。
　真似した子を取り上げ褒めるのである。
　そして、
「貢献を真似したことが、クラスへの貢献です」
と伝え、「貢献すること」をクラスに広めていく。

👉 ワンポイントアドバイス

　貢献することで、自分の「徳」が高まっていると考えるだけで、なんだかワクワクしてこないだろうか。人が喜んでいる姿を見ると、人は自分も嬉しくなる。人間の脳はそうできているのである。貢献することにワクワクできるクラスにするためには、まず、教師がワクワクしながら「貢献」することである。

授業で身につける貢献するメンタル

「陰徳」で貢献する
メンタルを育てる

1 陰徳を教える

黒板に陰徳と書く。

> この漢字を自分の読み方で読んでごらんなさい。

「かげとく？」「なんとかととく？」

> 「いんとく」といいます。
> 　陰徳とは何か？　陰徳を辞書で引くと
> 「人に知られないようにひそかにする善行」と書かれています。

「知らずして多くの人に幸せを与えることを陰徳という」ことを教える。

2 オリンピック日本代表の田口選手のエピソードを授業する

> 　田口信教という水泳選手を知っていますか。

　1972年オリンピック、ミュンヘン大会、平泳ぎの代表選手です。100メートル男子平泳ぎで金メダル、200メートル男子平泳ぎで銅メダルを取りました。

　以前、田口選手の話を聞きました。

　田口選手は次のように言います。

「オリンピックのファイナリストになれば、誰が金メダルになってもおかしくはない。実力の差はない。しかし、金メダルになる人間は、いつも金メダルになる。そして、8位になる人間は、いつも8位である。実力差はないのに、不思議とこうなる。実力以外の何かが、そうさせるとしか考えられない」

> 「実力以外の何か」とは、何だと思いますか。

「努力の差」
「練習量」

次のようにも言います。

「金メダルと銀メダルでは、天と地ほどの差がある」

> 日本で１番目に高い山は何ですか？　富士山ですよね。
> では、２番目に高い山は？

すぐに答えられないですね。

さらに、

> 世界で１番目に高い山はエベレスト山です。では、２番目に高い山は？

これも難しい。つまり、１番と２番では違うのです。

世界１位と世界２位では、有名さも、その後の経済活動などにも大きな差が出るのです。

オリンピック選手は、皆、金メダルを目指します。

しかし、本当に「運」としか言いようのないことが起きるのです。ゴールのタッチが爪の差で、金メダルと銀メダルに決まってしまうことも、たくさん見てきました。

> そこで、田口選手は運を強くするために、ある行動をしました。どんな行動をしたと思いますか。ちなみに、この行動を起こしてから田口さんは、なんと金メダルを取りました。

田口選手は、オリンピックの代表選手の合宿所での生活を変えました。

合宿所で「善い行いをする」と決めたのです。

> ただし、田口選手がすごいのは、ただ善い行いをするのではなく、〇〇で善い行いをしたのです。何だと思いますか。

それは、**人に知られないように**、善い行いをしたのです。

> 彼は、毎日、誰にも知られないように、あることを続けました。何だと思いますか。

合宿所の皿洗いを続けたそうです。

合宿所のおばちゃんに見られそうになっても、うまくごまかしたそうです。

それから、落ちているゴミも人に知られないように拾ったそうです。

周りをキョロキョロしながら、人に知られないようにサッと拾ったそうです。「**人に知られないように善い行いをすること**」を「陰徳（いんとく）」といいます。

「陰」は、かげです。「徳」とは、善い行いのことです。

> 同じ善いことをするのなら、人に知られないほうがいい。なぜでしょうか。

人に知られた善い行いのご褒美は人から来ます。

「ありがとう」と言ってもらえます。場合によっては、御礼の品も受け取るかもしれない。

人から直接ご褒美をもらったので、そこでお仕舞いになるのです。

> 陰徳を積んだ場合、どこからご褒美が来ると思いますか？

ご褒美は、お天道様から来ると思うのです。

陰徳は誰も知らないので、人からはご褒美はもらえません。

だから、お天道様が、その人の「運」として貯金してくださると考えるのです。

（昔の人はこうやって考えて行動していたそうです。）

自然に陰徳を積める人になりたいですね。

「ありがとう」の言葉も素敵です。

ただ、「ありがとう」を言われるために行動するのではなく、「ありがとう」はおまけのようなもの。

見返りを求めないで行動できる「徳」を積めるといいですね。

このクラスは、「隠徳」がたくさんあふれたら、ものすごいクラスになるはずです。

3　陰徳貯金がスタート

陰徳の話をすると、気づかない場所で、さまざまな行動をする子たちが現れてくる。

気づいたらマジックケースが整理されている。

気づいたらベランダの傘置きが整理されている。

などである。

「え⁉　誰がやったの。嬉しいなー」

と取り上げる。おそらく、行動した子は心の中で、ニヤニヤガッツポーズをしているだろう。

するとある子が、

「先生、陰徳貯金やりたいです」

と提案した。

（あれ？　見返りを求めないんだけど
……）

と思いつつも採用してみた。

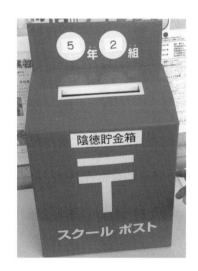

　陰徳をしたら陰徳カードに善い行いを書いて貯金箱に入れる。

　名前は書かない。誰がやったのかはわからない。クラスのため、人のためになることを黙ってやるということ。

　１日目の先週、早速、貯金箱を開けてみると大量の陰徳カードが入っていた。

「黒板を消した」「チョークの整頓をした」
「机の整頓をした」「本の整頓をした」
「いすをしまった」「貸し出しの鉛筆を整頓した」
「先生に気づかれてしまったけれど、先生の机を整理した」
など、たくさん書かれていた。

　子供たちも楽しみながら陰徳していた。

　中には、

「本を整理した。ピッコロ」「机を整頓した。ベジータ」
「ベランダの傘を整頓した。タイガーマスク」
など、有名キャラクターもクラスのために働いていた。

　陰徳が増えるとクラスの中で増える言葉がある。

　それは、「ありがとう」である。

「ありがとう」が増えるとクラスはどんな雰囲気になりますか。

「陰徳」が増えることは、「クラスにありがとう」が増えるということになる。

　人から「ありがとう」を言われることの喜びを体感させるのである。

ワンポイントアドバイス

　「人のために行動するって大切」は、いくら言葉で聞いても、自分で行動し、実感しなければ学べない。陰徳貯金はあくまできっかけづくりである。陰徳貯金することが目的ではなく、「人のために行動することが楽しい」「役に立ちたい」メンタルを育てることが目的である。きっかけは、さまざまあってよい。

自主的な当番活動で貢献する

給食当番で
クラスへ貢献するメンタルを鍛える

1 給食当番で鍛えられるものって何?

> 給食当番でどんな力を高めますか?

子供たちは、「え?」という顔をする。
今まで担任した多くの子たちは、キョトンとしていた。
あまり考えたことがなかったようだ。

> 実は、給食当番を見ればクラスの力がよくわかります。
> よいクラスは、例外なく給食準備が早いのです。
> なぜだと思いますか。

「給食の時にふざけていない」
「喧嘩とかしない」
「みんなで協力することができるから」
協力というキーワードを取り上げて話をする。

> そうです。給食準備が早いということは、クラス全員で協力しなければ
> 無理です。例えば、給食当番の着替えが遅い子たちがいたら早く準備はで
> きません。おしゃべりしている子たちがいたら早く準備はできません。全
> 員で協力できなければ、給食準備は時間がかかります。つまり、毎日の給
> 食準備の時間は、クラスの協力の力を高める時間でもあるのです。
> 皆さんは、どのように給食準備をしたいですか。

子供たちは、「早く準備できるようにしたい」と意見を発表する。

> 早く給食準備をしたいと考える人?

全員が手を挙げているかを確認する。
このようにクラスの給食準備の共通の目標をつくる。

2　給食準備の目標とする目安の時間を設定する

「クラスの力を高めるために給食準備を早くする」という目標を、具体的な目標にしていく。

> 給食準備の目標は何分にしますか。

ここで、参考に昨年のクラスの話をしてもよい。

> 去年のクラスは、12時25分に4時間目が終わってから12時35分までに準備を終えることを目標にしていました。

クラスの実態にもよるが、大体、
「よし、じゃあ、俺たちも35分だ！」
という意見が多くなる。中には、「30分だ！」などの無謀な意見が出るが、まずは、35分に挑戦させることにする。
ちなみに、この35分というのは簡単には達成できない時間である。
目標は、教室に短冊にして掲示した。

3　どうすれば「給食35分準備完了」を達成できるか考える

目標を設定しても達成できなければ、逆にクラスには悪影響となる。
「やっぱりダメだった」「俺たちってダメなんだ」
となる。
何が何でも達成させる教師の気概と工夫が必要となる。
私が行った手立ては、

> (1) 自分たちの全力を教え、体感させる
> (2) 給食準備の工夫を考えさせる
> (3) スペシャリストが生まれる

である。

⑴ 自分たちの全力を教え、体感させる

　目標をつくった初日。

　おそらく、目標は達成できないだろう（もし、達成できたら目標が低い。目標は、できそうでできないくらいがちょうどよい）。

　子供たちに聞く。

> 　今日の給食準備は全力でやりましたか。

　多くの子たちが全力とは言わないだろう。

　そこで、全力を出したらどのくらいで給食準備ができるのかを体感させる。

　ここでのポイントは、

> 　授業時間中に練習時間を取る

である。

　学活の時間を利用して、私はやることが多い（よりよい学級を目指す話し合い活動の一環である）。

> 　これから、給食準備の練習をします。全員の着替えが終わるまで何分かかるか計ってみます。ちなみに、昨日は全員が着替え終わるまでに５分以上かかっていました。全力でやると何分でできるでしょうか。よーい始め。

　ものすごい勢いで着替え始める。

　終わった時に、タイムを予想させる。

「何分で準備できたと思いますか？」

　子供たちは、３分や４分と答える。

「今のタイムは……、１分55秒でした」

「ええー!!」

と驚く子供たち。

> 　全力を出せば、１分55秒で全員が着替えられるのです。昨日は５分。つまり、手を抜いていたということですね。感想をどうぞ。

「普段、いかに手を抜いていたかがわかりました」

「今日から、今のように準備したいです」

　感想の発表が終わったら、

「はい、では、今度は、片付けをします。よーい始め」

と言って、片付けの練習をする。

　その日から、給食の着替えのスピードが上がることは言うまでもない。

「全力でやりなさい」と子供たちに指示を出したとしても、子供たちは、「自分の全力がわからない」のである。
　次の日の子供の日記。

始めはそう思った。「ヨーイドン!」わっせわっせと全力でひらめいた。ここで「あっ!」とひらめいた。ここで自分自分達を見つけた。このの時間も自分自分達を見つけた本番てし。このスピードは35分しそのでおそ給食の時間。みんな、ない。そのスピードは、配班分け終わりこい!1班のタイムに入り、班食べ終わった。今日のまとんど、り、38分だ…。たは、終のタイムは…り班食べ終わった。これらもスゴイだ。に分どには、これらもスゴイタイムだかろしかった35分けど、35分になるように全力でがんばります。

「ここで自分たちのスピードを初めて知ったのかもしれない」と書いている。今までの自分よりも成長を実感できるから、子供たちはやる気になって行動しようとする。

(2) 給食準備の工夫を考えさせる

> 「給食35分準備完了」を達成するためにどんな工夫が必要ですか。

　配り方、配膳の仕方のポイントを私から教えることもあるが、子供たちにも考えさせる。
　さまざまな工夫が毎年出て面白い。

> 工夫を考え、提案することが、クラスへの貢献の第一歩です。

と教える。
　過去のクラスで出た工夫例
①声がけをする。「まだここ配ってないよ」など。
②4時間目の前の休み時間に給食着を用意しておく。
③一方通行にして配る。
④司令塔をつくる（どこから配ったほうがよいかの指示を出す人）。
⑤35分を達成したら紙に書いて掲示する。

⑥自分たちの給食準備を録画して、分析する。

学級会で提案された工夫はとりあえずやってみる。

多くの工夫がうまくいかない。

> 失敗は成功のもとです。失敗から必ず学びがあります。

と工夫し、実行したことが大切であることを伝える。

　下は、工夫例「⑤35分を達成したら紙に書いて掲示する」の例である。

> 　毎年、やり方は変わる。なぜなら、目の前の子供たちとのやりとりの中で決めるからである。
> 　あくまで、子供たちの「やりたい」がなければ効果はない。
> 　35分は手段であって目的ではない。目的はクラスの協力の力を高めること。

　日付と時間と、ちょっとしたコメントを書いた紙を貼っていく。

　１年間続けると、ずらっと壁面を埋めることになる。

　35分を達成できなくてもクラス全員で協力してできた時には、

「うどんの割には速かったで賞」

と書いて、37分20秒であったが掲示することもある。

「心が温まったね」というのは、給食準備の際にこぼしてしまった子がいた場合など、仲間を大切にしようとした行動があったときに書いたものである。

　つまり、「給食準備の時間」は、「クラスのために貢献する時間」であり、「クラスで協力する力を高める時間」となっていることを毎日教えるのである。

　私は、運動会のリレーや合唱、長縄大会などの行事までが大切であると子供たちに話をする。

毎日、給食準備で協力する練習をしていくのです。だから、行事の時には協力することは当たり前となります。その時だけ慌てて協力しようとしても遅いのです。

(3) スペシャリストが生まれる

　給食当番の意味を語り、工夫すると必ず生まれてくるのが、給食当番のスペシャリストである。

「着替えが圧倒的に速い子」「盛り付けが上手な子」

「指示を的確に出す子」「配り方が上手な子」

「配膳台を綺麗にする子」「静かに自分の席で待てる子」など。

　　スペシャリストに対して、行動の素晴らしさを伝える。
　　あなたの〇〇な行動で、このクラスの給食準備が圧倒的に素晴らしくなっている。
　　ありがとう。
　　クラスへの最高の貢献です。

　さらに、スペシャリストには誰もがなれるということも伝える。

　ちょっと意識して行動しようとすればよいのである。

　　毎日の給食当番は、クラスのために貢献するチャンスでもあるのです。
　　給食当番で自分が貢献できることには、どんなことがありますか。

　時々、給食当番での自分の役割を自覚させるようにする。

　給食当番でクラスのために貢献したいというメンタルが育つと、立候補で給食当番を決めるようになる。

「食器やりたい人？」「はい！」「はい！」

「では、じゃんけんで決めてください」

　クラスのために貢献することが楽しいからこそ立候補する。給食当番で人のために行動する素晴らしさを教えたい。

✍ ワンポイントアドバイス

　給食準備をするのに時間がかかり、いつも叱っていた。「遅い」「もっとみんなのこと考えろ」叱責すればするほど、苦痛な時間となった。きっと子供たちもそうだったに違いない。何のために給食準備をするのか、手を変え、品を変え、語り続ける。目的を理解した時、子供たちは劇的に行動を変える。

創造的な係活動で貢献する

係活動と当番活動は違う。
創造的な活動でクラスに貢献する

1　係活動と当番活動は違う

　当番活動と係活動は同じではない。学校では、当番も係も同じように扱われてしまうことがある。

> 　中学年以降は、低学年までの係活動の経験を生かし、学級生活をより豊かにし、自分たちで実践できる活動を話し合い、必要に応じて係活動と当番活動の違いをしっかり指導します。これまで（前学年や前学期）に自分たちが経験した係を出し合うだけにならないようにし、【文部科学省　国立教育政策研究所教育課程研究センター『みんなで、よりよい学級・学校生活をつくる特別活動』より】

　係活動も当番活動も共通していることは「みんなのためになる」ということである。ただし、
　係活動は、「創意工夫できる活動」、
　当番活動は、「創意工夫できない活動」となる。
　向山洋一氏は、『学級を組織する法則』（学芸みらい教育新書）の中で、係活動は、「自分たちで考えを工夫して」「みんなに働きかけ」「みんなに喜ばれる」、当番活動は、「日常的な当たり前の作業」と定義されている。
　黒板係や窓係というのは、当番活動になる。

2　過去に経験したことがない活動をさせる

　では、係活動は、どのように子供たちに教えていけばよいのか。

> 　休み時間に遊んだ経験や楽しかった事柄などをヒントにして活動を考えさせたり、教師がこれまでに担任した学級の係や自分の体験などを紹介したりして、活動の視野を広げることも考えられます。【文部科学省　国立教育政策研究所教育課程研究センター『みんなで、よりよい学級・学校生活をつくる特別活動』より】

　子供たちが今までに行ってきた係活動を踏まえ、さらに新しい活動を創意工夫させていくのが係活動となる。

子供たちに、係活動をさせる際に私は、○○会社という名前をつけて活動するようにさせる。

> 　係活動は、クラスのみんながもっと楽しくなるような活動のことです。○○係という名前ではなく、○○会社といった名前にして、さらに盛り上げられるようにしています。

　会社活動をする際に約束を伝える。
〈会社活動の約束〉
①**クラス全員が楽しめる企画を考えること。**
　→一部の子たちが楽しめる活動は、会社活動ではありません。クラス全員のことを考えた活動でなければなりません。
②**企画書を書く。**
　→企画書には、「会社名」「目的」「内容」「メンバー」を書きます。「目的」と「内容」がきちんと決まっていなければ会社を設立することはできません。
③**2週間以上活動をしていない会社は、倒産となる。**
　→会社はつくったものの何も活動していなければ倒産となります。
④**入りたい会社には、誰でも入ることができる。**
⑤**会社を設立するときには、クラス全員に知らせる。**
　→朝の会や帰りの会の「係からの連絡」で伝えます。
　　会社の代表は、社長となり活動していきます。
　　毎週、自分たちの活動を定例会で報告します。
　　過去にどんな会社があったのか、紹介してもよい。

【参考：過去の松島学級で設立された会社】

○アルバム会社	○陰徳会社
○DANCE会社	○編み物会社
○宝くじ会社	○ものまね会社
○スーパー5年コミック会社	○サンキューカンパニー
○BINGO会社	○キセキ銀行
○シネマＤＸ会社	○チャレラン会社
○マッスルカンパニー	○バルサ会社
○宝くじを作成する会社	○もみもみ亭松島どころ
○新聞を作成する会社	○よいところ探し会社

おすすめの会社活動

①新聞会社

　新聞を作り掲示するだけでなく、「感想コーナー」を作る。

　さらに、感想をたくさん書いてくれた人に感謝状を渡す。

　まさに、クラスの子たちが楽しくなる係だ。

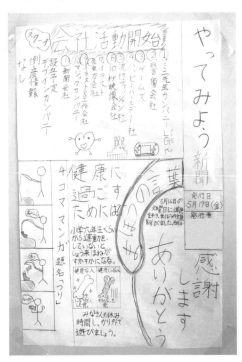

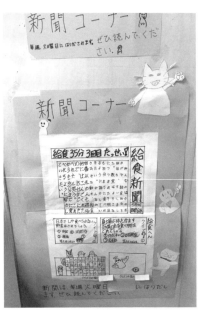

↑新聞コーナーを教室に設置

↑読者からの声にも耳を傾ける。

↑感想を書いて協力した人には感謝状を渡す。

②イラスト会社

毎週お題を出して、そのお題についてイラストを描く。

審査は、クラス全員が行う。描かれたイラストに1人1票ずつ投票。第3位までが表彰されることになっていた。毎週盛り上がるイベントになっていた。

←賞状は自分の家でパソコンを使って、作成していた。

③クラスの歌を作る

クラスのために歌を考える。どんな歌でもクラスのために考えたことが貢献であり、素晴らしいことを伝える。ギターに合わせて何度もこの歌はクラスで歌った。思い出深い曲の1つである。

👉 ワンポイントアドバイス

　誰でも自分の特技を生かしてクラスに貢献することができるのが、会社活動のよいところである。折り紙、手品、読み聞かせ、歌など、その子の特技をクラス全員の前で披露する。「ありがとう」と言われた数だけ、もっとクラスのために何か行動しようと思えるはずである。おすすめの係活動である。

6

クラスに貢献するメンタルを育てる①

学級のルールを守ろうとする 心の育て方

1　頭ごなしの指導では、心は育たない

　学級・学校にはさまざまなルールがある。
・廊下は走ってはいけない。
・朝読書は話をせずに黙って行う。
・給食準備でおしゃべりしない。
などである。
「ルールを守りなさい」
と言って、全員がルールを守れるようになることなどありえない。
　日常的にさまざまな指導の工夫が必要となる。

2　ルールを守るということは、社会に貢献すること

　例えば、コロナ感染防止のため、

> 給食準備・給食中・片付けは、話をしない

というルールがある。
　ルールが徹底されず、騒がしくなっているという状況があると聞く。
　私のクラスは、ルールを守って楽しく給食時間を過ごしている。
　怒鳴ったり説教したりしたことはない。
　ただ、ルールを守れない子ももちろんいる。
　そんなときにどう指導するか。
　私は、

> 成功する人から学ぶとよい

という話をする。
　給食前に、淡々と話をする。

- -

　給食中は、「話をしない」というルールがあります。
　実は最近、みんなの給食の様子を黙って見ていました。
　３つの種類に分かれていることがわかりました。

A：ルールを徹底して守ろうとしている人

B：ルールを守ろうとしているが周りに流されている人

C：自分から進んでルールを破る人

です。

たかが、給食中に「話をしない」というルールですが、

徹底して守れているAの人たちってすごいなーと感心しています。

Aの人たちは、成績が伸びている気がします。

Aの人たちは、幸運を手繰り寄せる人な気がします。

何よりも

【自分でルールを守ろうとしている強い心】

があることが立派です。

おそらく、Aの人が将来成功する人でしょうね。

自分は、３つのうち、どの種類に入っていますか。

この話をした後、誰一人話をせずに給食時間を過ごしていた。

普段、ちょっとおしゃべりをしてしまう子も黙って食べていた。

その子を個別に呼び、

「成長してるじゃん」

と褒める。

さらに、全員に、

> ルールを守ることは、その集団のためになっているということです。つまり、今、ルールを守り静かに給食を食べているあなたたちは、クラスに貢献しているということなのです

と伝えた。

頭ごなしに給食中に話をさせないのでは意味がない。

> ルールを守ろうとする心をいかに育てるか

が大切であると考える。

説教ではなく、指導の工夫でしか、心は育たない。

☞ ワンポイントアドバイス

クラスのために貢献すると考えると、何か特別なことをしなければならないと考えてしまう。当たり前のルールを守ることがクラスのためになっているということを伝えるだけで、誰でも、いつでも、「貢献」つまり、人の役に立っているということを実感させることができる。日常的に「貢献」を教えたい。

7 クラスに貢献メンタルを育てる②

「〇〇さんがいるから □□が変わる」

1　あれ？　〇〇さんがいないと挨拶が違う？

　朝の挨拶。

　挨拶の声が大きいAさんがいる。

　Aさんが委員会の仕事で朝いなかった。

（あれ？　いつもより若干挨拶が違う。）

　おそらく、クラスの多くの子が感じたはずである。

　このようなときこそ、成長のチャンスなのである。

　すかさず、

> 　今日の挨拶は、いつもと違います。
> 　なぜか、分析しなさい。

と子供たちに告げた。

「声がいつもより小さいです」

「何となく、だらっとしていました」

　黒板に

「〇〇がいるから□□が変わる」

と書いた。

　すると、

「あーそういうことか」

と、声が聞こえる。

　子供たちは、

「Aさんがいるから挨拶が変わる」

と口々に言っていた。

　つまり、Aさんの挨拶が、6年4組によい影響を与えているということである。

　Aさんは、クラスに挨拶の声で貢献しているのである。

　皆が、Aさんの挨拶に頼っていたことに気づくことができた瞬間でもある。

些細な日常の場面でも学びはたくさんある。

2　自分がクラスに何で貢献するかを考える

この話からさらに広げる。

> これは、他の場面でも当てはまりそうですね。
> 挨拶以外でも考えてみましょう。

と言い、いろいろ考えさせた。
「B君がいるからクラスが明るく変わる」
「Cさんがいるからクラスのロッカーが美しく変わる」
「Dさんがいるから給食準備のスピードが変わる」
などが出る。

最後に告げた。

> あなたは、このクラスにどんな貢献をしていきますか？

おそらくハッとした子たちがたくさんいただろう。

誰かにやってもらうのではなく、

> 自分にできることは何かを考える

ことである。

次の日の日記に気づきが書かれていた。

☞ ワンポイントアドバイス

　誰かがやっていると、どうしても人任せになってしまう。「〇〇さんがやっているから私はいいや」ではなく、「自分も真似しよう」「自分には何ができるか」を考え、行動させることが社会貢献につながる。毎日の学校生活には、貢献するチャンスが溢れていることに気づかせる。

続けることの大切さを伝える語り①

毎日、〇〇していたら
優勝できました

1　全中で優勝した子のインタビューの言葉

　黒板に、【毎日、〇〇していたら優勝できました】と書く。

> 　中学校の陸上の全国大会。
> 　砲丸投げで優勝した女の子が優勝した時のインタビューで答えました。
> 　何をしていたと思いますか？

　いろいろな意見が出る。
　ヒントを出した。
「家でできるお手伝いです」
の一言で
「皿洗い！」
と正解が出た。

2　手段であって、目的ではない

　やんちゃ男子が、
「俺も皿洗いやろう！」
と言い出す。
「素直でいいなー。素晴らしいね」
と褒めつつ、話の続きをする。
　周りの中学校の先生たちは、子供たちに

> 毎日、皿洗いをするように教えた

そうである。
　しかし、優勝をした中学校の監督であった原田隆史さんは、

> そういうことではない

と、きっぱりと言う。

皿洗いはあくまで手段であって、目的ではない。

目的は、

> 自分の心を強くすること

である。

原田さんは、

> できることの継続こそが心を強くする

と言う。

だから、「皿洗い」でなくても「風呂掃除」「玄関掃除」なんでもよい。

ただ、その行動が

> 人の役に立つことが条件

である。

優勝した女の子は、中1から中3までに休まず1000回皿洗いをしたそうだ。

例外は認めない。

合宿中も、ホテルや旅館に頼んで皿洗いをしたそうだ。

どうしても、厨房に入れない時は、靴揃えなどに変えて行動したそうだ。

とにかく、

> 徹底してやり抜く

のだ。

できることを毎日続ける。毎日の積み重ねの10年。

毎日の積み重ねの20年。何を続けるのか。

決めるのは自分。よい習慣を身につける。

やはり、

> 続けると本物になる

のである。

3　実践して結果を出した女の子

この話を聞いて

「〇〇していたら優勝できました」

と目標を立てた子がいる。

この〇〇に入れたのが、

である。

　朝、教室に入ると、全員の子に挨拶をし続けていた。

　朝の準備が終わると、挨拶をするのだ。

　自分で決めてから、毎日、ずっと続けていた。

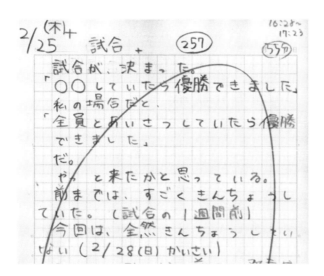

　さて、結果はどうだったのか。

　彼女は、ずっと３位。

　どうしても勝てない相手がいたそうだ。

　いよいよ本番。

　結果は、なんと、初の準優勝。

　彼女に

「なぜ、準優勝になれたのですか？」

と聞くと、

「毎日、全員と挨拶していたからです」

と、満面の笑顔で答えていた。

　挨拶したことが本当に準優勝に影響したのかどうかはわからない。しかし、彼女の中で、愚直に続けたことによって、手に入れた結果である。

　どんなことでも、自分で決めたことを、愚直に続けることの大切さを学んだはずである。

試合後の彼女の日記。

「まさか、2位になれるとは……」と書いている。

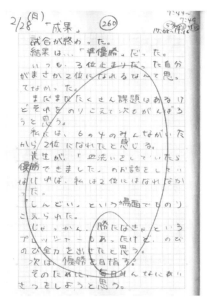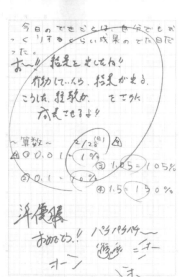

彼女の日記の中に

> 「6－4のみんながいたから2位になれたと感じる」

とある。自分だけの力でなく、クラスの仲間を力に変えた。

「神様っているんだね！」

と子供たちに伝えた。教室の空気が温かくなった。

　愚直に続ける。

　心を鍛える方法は、

> 愚直に1つをやり続けること

間違いないと、何より私自身が、子供から学ぶことができた。

☞ ワンポイントアドバイス

　1つのことをやり抜くことは簡単なことではない。やり抜くことの大切さをさまざまなエピソードで伝えることが大切である。自分もやってみようという気持ちにいかにさせるのか。日常のちょっとした行動を変えるだけで未来が変わることを実感することで、子供たちはさらに成長する。

2

続けることの大切さを伝える語り②

「努力のつぼ」の話

出典：『子どもを変えた"親の一言"作文25選　朝日作文コンクール入選作』
東京子ども教育センター教室 著（明治図書）

1 「努力のつぼ」の話

子供たちに作文を紹介する。

> ある女の子が書いた作文です。

「努力のつぼ」

「お母さん、ど力のつぼのはなし、またして。」

「ウンいいよ。こんどはなあに。」

「さかあがり」

「あらあら、まだいっぱいになっていなかったのね。ずいぶん大きいね。」
と、いいながら、お母さんは、いすをひいて、わたしの前にすわりました。
そして、もうなん回もしてくれた、「ど力のつぼ」のはなしをまた、ゆっくりとはじめました。

それはこんなおはなしです。

人がなにかをはじめようとか、いままでできなかったことをやろうと思ったとき、かみさまから「ど力のつぼ」をもらいます。

そのつぼには、いろいろな大きさがあって、人によって、ときには大きいのやら、小さいのやらいろいろあります。

そしてそのつぼは、その人には見えないのです。

でも、その人がつぼの中に、いっしょうけんめい「ど力」を入れていくと、それがすこしずつたまって、いつか「ど力」があふれるとき、つぼの大きさがわかる、というのです。

だからやすまずにつぼの中にど力を入れていけば、いつか、かならずできるときがくるのです。

わたしは、このはなしが大すきです。

ようちえんのときはじめてお母さんからききました。

そのときは、「よこばしご」のれんしゅうをしているときでした。

それからも、「一りん車」「てつぼうのまえまわり」「とびばこ」「竹うま」。

　なんでもがんばってやっているとき、お母さんにたのんで、このはなしをしてもらいます。

　くじけそうになるときでも、このはなしをきいていると、心の中に大きなつぼが見えてくるような気がします。

　そして、わたしの「ど力」がもうすこしであふれそうに見えるのです。

　だから、またがんばる気もちになれます。

　お母さんのいうとおり、この「さかあがり」のつぼは、ずい分大きいみたいです。

「さかあがり」をはじめてから、もう二回もこのはなしをしてもらいました。でも、こんどこそ、あとすこしで、あふれそうな気がします。だから、あしたからまたがんばろうと思います。

　お母さんは、「つぼが大きいとたいへんだけど、中みがいっぱいあるから、あなたのためになるのよ。」と、いってくれるけど、こんど、かみさまからもらうときには、もうすこし小さなつぼがいいなあと思います。

2　成長曲線100回・100日の壁

　何かを始めるとき、簡単には成長しない。ある一定の努力をし続けることにより、急激に成長する瞬間がくる。

　その瞬間をブレイクスルーポイントという。

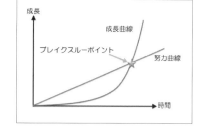

　しかし、途中で投げ出したくなる。

　多くは、ブレイクスルーがくる前に諦めてしまう。

　このポイントまで、１つの目安として何事も100回・100日くらいだといわれている。つまり、努力のつぼがあふれ出すまでには、100回・100日が必要になる。

　努力のつぼや成長曲線の話をすると、子供たちは、真剣な表情で聞いている。

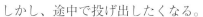 ワンポイントアドバイス

　「努力のつぼ」の話をすると、ある子が「努力のつぼを作ったらどうですか」と提案してきた。空き瓶にビー玉を入れることにした。目標を決め、目標達成の行動ができたら１つのビー玉を入れる。ビー玉が溢れた時、目標達成パーティーを行った。実際に「努力のつぼ」を作るのもおすすめである。

続けることは簡単ではないことを伝える
「20日以上続けられる人は、5％」

1　なぜ？　3日坊主になってしまうのか

黒板に、

> ○○％の人が新しい習慣づくりに失敗する。

と書く。
予想させる。
答えは、95％である。
つまり、5％の人だけが新しい習慣を身につけられる。

> 実は、5パーセントの人はあることを知っていたのです。逆に95％の人は知らない。何を知っていたと思いますか？

それは、何か新しいことを始めた時には、
【耐え難い気分の期間があること】
である。

2　耐え難い気分の期間があることを知れば乗り越えられる

例えば、日記を始めたとする。
2～3日は、新しいことへの新鮮さでワクワクしながらできる。
しかし、4日目くらいから
「あー嫌だ」
「辛い」
「もう楽しめない」
という気分に襲われる。
なんと、
【身体の細胞の1つ1つが変化に抵抗し、拒み出す】
そうだ。
確かに、早起きの習慣を身につけようとすると、体調が悪くなることがある。

細胞が拒絶しているのだ。

　さらに、もっとも知らなければならないこと。

　それは、

【耐え難い気分は一時的なもの】

であること。

　つまり、10日間をしのげば、楽になるのである。

　どうしても辛くなると、

「もう無理」

とやめてしまう。

　これが、95％の人。

　5％の人は、辛い状態の10日間を超えると、徐々に楽になることを知っているのだ。

　こう考えると

「3日坊主」

は、よくできた言葉である。

　95％の人は、「3日坊主」になる。

　細胞が拒絶するのだから、無理もない。

　耐え難い期間は10日がピークであることを知れば、どんなに辛くても、10日を乗り越えればいいのだ。

「10日過ぎれば楽になるのか？」となってほしいが、

実は、次の10日は、**【不快な期間】**となる。

　この話をすると、子供たちは

「えー」

となる。

　20日以上続けると、徐々に**【習慣が当たり前】**になっていく。

　20日以上を続けられるか。

> 95％の人になるか。5％の人になるか。決めるのは、自分自身である。

　子供たちに繰り返し教えていきたいことである。

☞ **ワンポイントアドバイス**

　続けることが大切ということは誰もがわかっている。しかし、なぜ続けることが難しいのかはわかっていない。「耐え難い期間があるのは自分だけではない」「耐え難い期間は一時的なもの」ということを知っているか知らないかで、行動は変わってくる。(参考文献『人生を変えるモーニングメソッド』ハル・エルロッド著（大和書房）

第6章

習慣⑥「続ける」習慣を身につける

147

4 続ける力は、毎日のちょっとした工夫で身につく

「我慢の水」
我慢する力は鍛えられる

・・・

1 「我慢の水」の話をする

> 1つのことを続けられる人と続けられない人の違いは何だと思いますか？

・心が強い人
・あきらめない人
などの答えが出る。

> 続けられるかどうかは、「我慢する力があるか」

と私は考えます。

> 我慢する力って何をしたら高めることができると思いますか。

「え？　我慢する力って高めることができるの？」
と子供たちから声が上がる。
　そこで、「我慢の水」の話をする。

> いきなりたくさんの我慢はできません。
> 　でも、毎日、我慢の力は高めることができるのです。
> 　私は、それを「我慢の水」と呼びます。
> 　ちょっとずつ、「我慢の水」を貯めていくと、少しずつ「我慢の力」が
> 高まっていくのです。

2 「我慢の水」の貯め方を伝える

　学校は、「我慢の水」を貯めるチャンスがたくさんあることを伝える。

> 例えば、休み時間に外に遊びに行きますね。
> 　その時に、下駄箱の靴を揃えるという人？
> 「早く遊びに行きたい」

その気持ちをほんの少し我慢しているのです。

同じようなことが、教室でもありますね。

椅子をしまったり、片付けをしたりと考えるほどたくさんあるのです。

3 日記の宿題で「我慢の水」を貯める

毎日、日記の宿題を出している。

正直、毎日の日記を書くことは大変なことである。

そこで、「我慢の水」の話とつなげて伝える。

毎日出している日記の宿題。

いくつか書き方の約束があります。

それは、「日付、タイトル、号数、名前」を書くことです。

文章の量や質については、現在は何も言っていません。

4つのことを書くことは、誰でもできることです。

1回ごとに「我慢の水」を貯めているのです。

これをまずは当たり前にできるかどうか。

これも「面倒くさい」という気持ちに負けない「ちょっとの我慢」ですね。

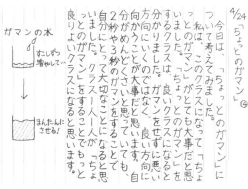

ちょっとの我慢が、自分だけでなく、クラスのためにもなっていると気づく子供

ワンポイントアドバイス

「我慢」というとネガティブに捉えてしまうかもしれないが、実は、ちょっとの我慢ができるって素晴らしいことであることを教える。毎日、少しでも我慢ができていることを褒める。我慢できたら「我慢の水」が貯まることを教えることで、楽しく生活習慣を教えることができる。

5　日記指導で続ける習慣を身につける

日記指導で
日々の生活の質を高める

1　卒業生からの言葉「日記のおかげ」

　成人式で教え子と再会した。1人の子が、
「先生の日記指導のおかげでたくさん助けられました」
と私に言ってきた。6年生の1年間で書いた日記を中学校、高校でも続けたそうだ。

> 「文章を書くことが特技になりました」

そう言ったのだ。さらに、

> 「今も、日記を生徒に書かせているのですか？　絶対やったほうがいいですよ」

　嬉しい言葉だった。私は、毎年、日記を子供たちに書かせている。自分自身も毎日日記を書いている。日記で毎日を振り返る習慣は、人生をよりよくする上で欠かすことができないと実感している。だから、子供たちにも毎年伝えている。

2　日記指導　ステップ3（向山洋一氏実践追試）

　私は、毎年、向山洋一氏の日記指導を追試している。日記指導には、3段階ある。

> ①毎日書く。
> ②長く書く。
> ③1つのことを詳しく書く。

　まず、「毎日書く」ということを徹底させる。どんなことでもよい。とにかく、毎日書き続けることが大切である。そう簡単に日記の内容は変わらない。短い文章であっても、子供たちが書いてくる日記には必ずコメントを入れた。

コメントを書く際には、

> 「ラブレターを書くようにコメントする」

である。

　子供たちは、教師のコメントを楽しみに待つようになる。コメントがない日は、

「え……今日、コメントないんですか」

と子供たちがつぶやく。それだけ、教師の日記へのコメントには力があるということである。

　４月と６月の日記。

　２ヶ月日記を書き続けることに意味があることを伝え続けた。

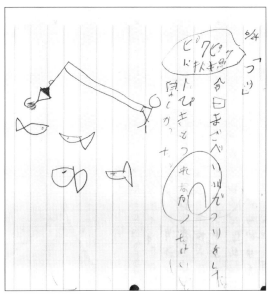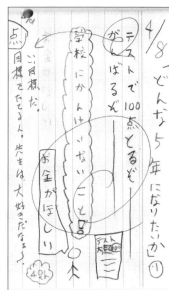

3　日記の書き方を教える

　日記の書き方を、実際の子供の日記を使って指導する。

> 日記を読むのは誰ですか？

「松島先生」

　つまり、学校で授業した内容を松島は知っているのである。

　面白くない日記（松島が作った）を紹介する。

151

> 今日の朝学は、漢字をやりました。
> １時間目の国語は、あめ玉をやりました。クライマックスをやりました。
> ２時間目は、算数です。体積の求め方をやりました。
> ３時間目は、社会です。いろいろな国について勉強しました。
> ４時間目は、体育です。リレーをしました。
> 家庭訪問だったので４時間で帰りました。

　もちろん、毎日日記を書くことが大事なので、ダメではない。しかし、私は授業をしているので、これらの内容は知っている。だから、読んでいて面白くはない。なぜなら、松島が新しく知ることや発見はないからだ。

　A君の日記を紹介する。

> 「例の仕事２」
> 　今日は、B君が休んだ。
> 　だから、１人で例の仕事をしなければならなかった。
> 　初めての経験。ドキドキ、ドキドキ。
> 　職員室のドアを開けた。
> 「失礼します。手紙を取りにきました」
> と言った。
> 　そして、取ろうとしたら、職員室にいた先生が、
> 「事情を話してから入ってきてね」
> と言いました。
> 　僕は、ちゃんと事情を話したのに、しかも、掃除をしていた６年生でも聞こえていたのに、なぜ、気がついてくれないんだ。
> 　そんなに影が薄くないのに・・・
> 　なぜだーーー。

　A君が、手紙を職員室に取りに行ったことは知っている。

　しかし、その時に感じたことや思ったことを松島は、知らない。

　A君の日記は、先がどうなるのか読みながらワクワクする。

「したこと」はわかるが、その時に「何を思ったか」「何を感じたか」は、松島にはわからない。「わかったこと」「気づいたこと」「思ったこと」が日記に書かれると、１つレベルアップすることを教える。

　さらに、子供たちがよく「書くネタがない」ということがある。私は、このように伝える。

> 「書くネタがありません」というのは、「日記に書くネタがないような生き方しかしていない」ということです。もし、今日の国語や体育のことを、日記に書こうという気持ちで授業に臨んだり、友達に優しくしたりしたことを日記に書こうと思って生活すれば、友達に対する接し方も変わります。要は、1日の中で、何かしら全力で学校生活を過ごそうと思えば、日記1ページくらいすぐに書けます。生活を変えれば、日記が変わるのです。

　もちろん、日記の書き方も指導する必要がある。文章の書き方は国語で取り上げて指導する。日記を書く目的の1つとして、

> 自分の生活の質を向上させるため

と教える。

　前ページで紹介した子の日記の変容である。1年間の日記で成長を実感する。続けることで得られる学びである。

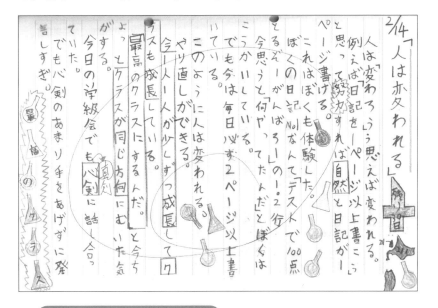

ワンポイントアドバイス

　日記は、一朝一夕では成長を実感できない。100回過ぎたあたりから変化が見え始める。そのことを子供たちにも伝える。前クラスの日記のエピソード、先輩のエピソードを話すことも有効である。教師自身も日記を毎日つけることで、日記を続ける習慣の素晴らしさを語ることができる。

教師がメンターとなる

教師自身が
続けている姿を見せる

1 続けると本物になる

子供たちに、

> 「続けることが大切だ」

というのであれば、自分自身が「何か続けている」必要があると考える。教師の口先だけの言葉では、子供たちの心には響かない。

2 子供たちに行動で「語れるもの」があるか

教師が口で言わなくても、「先生も続けているんだな」と、いかに子供たちに伝えるか。

私は、学級通信と日記のコメントを続けてきた。

学級通信は、

教師4年目：190号	教師9年目：208号
教師5年目：205号	教師10年目：259号
教師6年目：211号	教師11年目：224号
教師7年目：221号	教師12年目：236号
教師8年目：218号	教師13年目：247号

と書き続けてきた。

日記は、ほぼ毎日コメントをしてきた。この姿を子供たちは毎日見ている。

学級通信や日記にコメントすることが全てではない。他のことでもよい。毎日、トイレ掃除をするでもいいだろう。毎日、クイズを出すでもいいだろう。1年間、子供たちに口先ではなく、行動で語ることができるか。子供たちは、教師の姿をよく見ている。口先だけの教師なのか、それとも行動している教師なのか。

3　子供たちと共に成長する

子供の前で目標を宣言した。

> 「全員の日記に毎日コメントする力を身につける」

子供たちに、目標を書かせている。私も一緒に目標を立てるのである。

全員の日記に毎日コメントすることは、簡単なことではない。特に、週に1度、私にとってチャレンジする日がある。それは、木曜日。なぜなら、1時間目から6時間目まで空き時間がない日なのだ。他の日は、空き時間があるので、その時間を使えば、全員の日記にコメントすることができる。

木曜日がやってくる。日記返却の時間。子供たちから、

「あれ？　コメントがない……」

「コメント欲しかったな……」

と声が聞こえてくる。

「先生も忙しいんだよ」と言い訳しそうな自分をグッと堪えて、一言。

> 私もまだまだ修業が足りない。
> もっと素早くコメントできる力を高めます。

子供たちも毎日日記を書き続けているのだ。

私も毎日日記にコメントできるよう工夫する。

そして、木曜日でも全員の日記にコメントできる日がやってくる。

> 今日、1つ達成したことがあります。
> 木曜日ですが、全員の日記にコメントできました。

「おー、やりましたね！」

「おめでとうございます！」

と子供たちから拍手が起こる（素敵な子供たちに感謝だ）。

1つのことを続けることを行動で示す。子供たちと共に目標に向かって成長し続ける教師であり続けたい。

👉 ワンポイントアドバイス

やり抜く力（GRID）は、伝播する。教師が、続けることの大切さを語り、行動で示す。子供たちの中からも1つのことを続ける子たちが出てくる。ゴミ拾い、日記、挨拶、当番、返事、整頓など。やり抜く空気が教室に漂い始めると、クラス全体が一気に成長し始める。100日・100回がターニングポイント。

保護者と連携し、子供をサポートする

具体的に行動を示し、保護者と連帯する

1 保護者のコメントは子供のやる気に火をつける

　毎年、家庭訪問や学級懇談会で保護者にお願いすることがある。
　それは、

> 自主勉強に一言コメントをしてください

である。もちろん、毎日とは言わない。月に1回でも学期に1回でも、子供たちの家庭学習に対して、保護者も参画してほしいことを伝える。

> 　家庭学習への保護者の関わりは、学力への影響を与える家庭学習支援の多くの項目で、保護者の働きかけの高いほうが、子供の教科学力と家庭学習力も高い（ベネッセ教育総合研究所2008年調べより）

というデータも示しながら話を伝える。
　コメントの約束として、

> 全て肯定的なコメントをすること

と伝える。どうしても子供たちの勉強について、「もっとこうしたほうがいい」「ここ直しなさい」と指導が中心となってしまう。もちろん、間違いを教えることは大切であるが、指導ばかりしていると、

> 子供は見せたがらなくなる

のである。多少は大目に見て、家庭学習をしたことを認め、励ますスタンスがよいと考える。何より、子供たちが、

> もっと家で自分から学びたい

と思えることが大切である。
　実際に、自主勉強に対して保護者が肯定的なコメントをし続ける子供の学力は伸びる。学力だけでなく、学校生活においても前向きに挑戦することが

多くなる傾向がある。何よりも保護者自身がコメントを楽しんでいることが伝わってくる。保護者のコメントを、許可を得て、学級通信に紹介することもある。

2　家で道徳の授業の話ができるか

　学校評価アンケートの項目の中で「家庭で道徳についての話をしていますか」がある。「はい」と答えた家庭の数は少なかった。

　私は、学級通信で以下のように伝えた。

「道徳の授業について家で話をしてみよう‼」と言っても実際、何を話してよいか子供も保護者も「？」なのかもしれません。家でお子さんに、

「今日の道徳何を学んだの？」

と聞いても

「わかんない??」

では、会話ができませんよね。私も子供たちが家で話をしたくなるような道徳授業をしなければならないという責任があります。子供たちには、【道徳の授業はよりよい生き方を学ぶ時間】と伝えています。

　道徳の教科書に書かれていること全てができる人はいません。しかし、誰もが人としてよりよく生きようとは思っているはずだし、思うことはとても大切です。

　夏休みの宿題でも道徳について、保護者の皆様にコメントを書いていただく宿題があります。

「学校の宿題だからやる」

のでは本当の意味での「よりよく生きる力」は身につかないと考えます。

　道徳の必要性、道徳の面白さ、道徳によって自分の考えが深まるのです。子供たちの道徳性を高めるためには、ご家庭のサポートは必須であると考えます。

　よりよく生きるのは、学校だけで学ぶものではないからです。

　道徳の授業の内容について夏休みの宿題以外でもぜひ、話をしてみるのもよりよい勉強になるはずです。道徳の授業について書かれた日記を紹介します。

今日お母さんと道とくのことを話し合いました。

お母さんが考えたことは、その「ぼうやは声でお母さんじゃないと思ってくれる、もしかしているいたけど、こもり歌を歌ってくれる人の手で安心したのかな、して、女学生にもぼうやと同じ位の弟がいたのかなと言っていました。話し合っているうちに、わたしも考えたことがありました。その女学生もわたしといっしょのかんごしさんになろうとしていたのかと思いました。それに、その女学生のかみがたわがみつあみだったので、どうしてもがみに見えてしまいました。安心する気持ち、自分の命のぼう生が助ける時、どっちを選ぶか「た」と思うけど、ぼうやが安心す方を選んだんだ、どっちも選ぶよたしだったら、どっちも助かってしまうし、どうじ、どっちも助かっいけど、そうはいかない。そう思えばし

女学生は勇気ある行動をした、なと思った。わたしもできるかぎり人を助けてあげたいと思いました。

自分が元気で健康で幸せな時に、だれかを助けることはできたとしても、自分が疲れていたり、落ち込んでいたり弱って追い込まれている時に、それが本当にできるのかな。どんなに「あくて心細くて泣きたくて、ボロボロで」のどがかわいていただろうに蚊ってあげた女学生、お母さんの愛をたくさんもらってきたから、ぼうやのことをだきしめることができたんだろうね。

ぼうやのお母さんも、きっとありがとうと思っているね。

道徳の授業で学んだことを、もう一度家族で話し合いをしてみる。
　家族の考え方も知る。
　そして、再度自分の考えを深めていく。
　道徳の内容によっては、答えがないものもあります。
　人それぞれの考え方があってよいのです。
　それを受け入れながら、自分なりに、「よりよい生き方は何か」を考えていくことが、何より大切なのです。

いかに保護者にも学校の教育活動に参画してもらえるようにするか、学校から何をどう発信するかが大切。全て子供のため。

3 親子で作るソーラン節ノート

　運動会で表現運動「ソーラン節」を指導した。ソーラン節検定を行うと、自主的に練習する子たちが増えた。家でも練習する子たちが続出。特に、Aさんは、自主的に「ソーラン節」ノートを作り、本番に向けて自主練習を続けていた。Aさんのソーラン節の成長を加速させたのは、保護者のコメントである。さらに、保護者による家でのソーラン節検定。お母さんの厳しい採点が、彼女のさらなるやる気に火をつけたに違いない。保護者の励ましがどれだけ子供たちにプラスの影響を与えるかがわかる。

　カラーで印刷し、教室にも掲示した。他の保護者からも続々と子供たちへの応援メッセージが届いた。保護者の参画の連鎖が生まれることで、子供たちのやる気に火がついた。

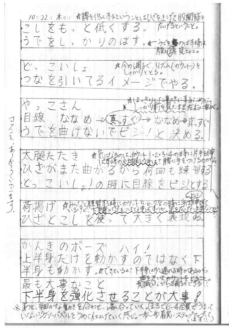
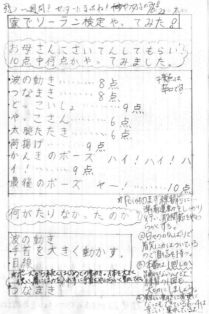

✍ ワンポイントアドバイス

　保護者と共に、どのように子供たちを成長させていくのか。「連携していきましょう」と口先だけで言うのではなく、具体的にどのような行動をするとよいかを示す。私は、「自主勉強へのコメント」の具体的な行動をお願いした。具体的に示すから参画してくださる方が現れる。学校と保護者はもっと連携すべきなのだ。

感謝することで変わる子供のメンタル①

相手に期待し過ぎないと、自分の気持ちが楽になる

1　挨拶が返ってこないと悲しい気持ちなる

「自分から挨拶すると気持ちがよい」
と子供が日記に書いてくる。進んで挨拶。立派である。
　日記の中で、気になる言葉があった。

> 挨拶をしているのに、返ってこないと悲しくなる

という言葉であった。
　せっかくよい行動をしているのに悲しい気持ちになっているのだ。
　私は、捉え方次第で気持ちの持ち方が変わることを伝えた。

2　少し考え方を変えると感謝が生まれる

> 「自分から挨拶しても相手から挨拶が返ってきません。自分だったらどうしますか」

　　・もう一回挨拶する。　　　・挨拶したほうがいいよと伝える。
　　・名前をつけて挨拶する。　・なんで挨拶しないのと聞く。
　　・もう挨拶をその子にはしない。など出る。

> 「自分から挨拶しても相手から挨拶が返ってきません。どんな気持ちになりますか」

　　・悲しくなる。　　・挨拶しないなんてダメだなと思う。
　　・自分の挨拶に問題があるのかなと考える。など出る。
　子供たちは、挨拶が返ってこないことを

> ネガティブに捉えている。

　当然である。そこで、子供たちに次のように話をした。

　　私は、相手から挨拶が返ってこなかったとしても、全く、悲しくなりません。

「ええ!!?　なんで?」「先生、無理してますね」
と反応する子供たち。
　なぜなら、

160

> 挨拶が返ってこなくて当たり前

と思っているからである。

「ええ‼?　なんで？」「挨拶大切って、いつも言ってるのに！」

> 挨拶は、返ってきて当然と思っている人？

ほとんどの子が手を挙げる。

> 挨拶は、自分が好きでやっていることです。
>
> 挨拶したほうが、楽しいし気持ちがよいからしています。

自分が挨拶したからといって、相手も挨拶するとは限らない。相手にもさまざまな事情があるかもしれない。

　・体調が悪い。　　・朝、親と喧嘩してイライラしている。

そう考えると、挨拶が返ってこなくても、悲しくならない。むしろ、挨拶が返ってきたときに、

> おー、今日は挨拶が返ってきた。ありがとう

と感謝することができる。

「挨拶は返ってきて当たり前」と考えると、「挨拶しない人」に目がいき、悲しくなる。

「挨拶は返ってこなくて当たり前」と考えると、「挨拶を返す人」に目がいき、感謝が生まれる。

だから、挨拶を返してくれる人を大切にしたいと思える。

> 相手に期待し過ぎるから、イライラしたり悲しんだりする。

相手を変えることはできない。

変えられるのは自分の行動と心だけ。

自分が期待し過ぎず、行動し続けていると、不思議と周りに挨拶を返す人が増えてくる。

挨拶は強制されてやるものではない。

自分が挨拶をしたいからするものである。

人に期待し過ぎるから、挨拶を強制させようとする。

やらされた形式的な挨拶では、「感謝の心」は絶対に生まれないものである。

ワンポイントアドバイス

　相手に期待することは悪いことではないが、期待し過ぎると自分がイライラしたり悲しんだりしてしまう。「相手がやって当たり前」ではないと考えるだけで、挨拶だけではなく、さまざまな場面で感謝が生まれるはずである。

感謝することで変わる子供のメンタル②

相手が遅刻しても
感謝できるメンタルを育てる

1　相手が遅刻したらイライラして当然

　時間を守ることは大切である。

　誰もがわかっている。

　会議の時間に間に合わない。

　待ち合わせの時間に間に合わない。

　こうした人は、

二度と仕事に呼ばれない

と覚悟しなければならない。

　これが、プロの世界。

　しかし、世の中、誰もがプロの世界で生きているわけではない。

　仕事をしていく上で、相手が遅刻することは多々ある。

　子供たちに

「相手が遅刻してきたらどんな気持ちになりますか？」

と聞くと、全員が

・イラッとする。

・その後、もう一緒に遊びたくなくなる。

などと答えていた。

　私は、

遅刻してくれてありがとう、と感謝する

と伝えた。

「ええ⁉　何で？」

との子供たちのリアクション。

　私は、いつでもどこでも読書したり、仕事したりできる準備をしている。

　5分あればできること。

　10分あればできることを常に準備しておくのだ。

　だから、会議の時間になっても人が集まらない時は、メールをチェックしたり読書したりする。

> あなたが遅刻してくれたおかげで、読書ができた

となるのだ。

　もちろん、遅刻することはよいことではない。

　しかし、相手が遅刻した時に、待っている間、イライラしたり、相手に文句を言ったりしたとしても、

> 自分にプラスになることは何１つない。

　マイナスだけである。

　冷静になって考えると、自分がきちんと時間を守っていて、相手がいい加減であるにもかかわらず、なぜ、自分がマイナスな感情にならなければならないのか。自分がイライラしても、相手が遅刻したという事実は変わらないのである。

　感謝すれば、相手も自分も嫌な気持ちにはならない。

　遅刻するような人とは、今後は約束しなければよい話である。

２　相手のことは変えられない

　自分が遅刻しないようにすることはできる。しかし、相手を変えることはできない。

> 自分の心を変えるだけで未来は大きく変わる。

　日記に、自分がせっかちであるということを書いてきた子へのアドバイスの１つである。

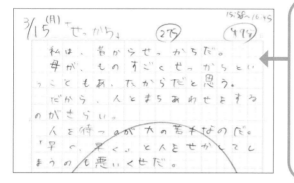

【日記へのコメント】
　待っている時に、自分ができることを準備しておくと感謝の気持ちが生まれます。
　「待たせてくれたから読書できたよ。ありがとう」です。相手は変わらない。自分でちょっと工夫するだけで自分も相手もよい気持ちになれるのです。

👉 ワンポイントアドバイス

　相手が思った通りに行動してくれないと、どうしてもイライラし、文句を言ってしまう。これは相手が「してくれて当然」と思っているからである。相手に期待し過ぎるよりも、「自分に何ができるか」を考えたほうが、毎日が楽しくなることを子供たちに教えたい。

感謝することの大切さを教える授業

感謝の脳回路をつくる方法

・・・・・・・・・・・・・・・・・・・・・・・・・・・・・・・・・・・・・・

1 脳を磨くと幸せになれる

　黒板に右のように書く。

> □に入る言葉は何ですか？

> 幸せになれる
> □磨き

・靴磨き
・歯磨き
・心磨き
など、さまざま出るが、さすがに「脳磨き」とは出ない。
「えーーーー！　どうやって磨くの？」
と声が上がる。
『科学的に幸せになれる脳磨き』（岩崎一郎）の本を実際に見せると、
「本当だー」と声が上がる。

> 　どうすれば脳が磨けると思いますか？ ヒントは、何かを持つことです。

> どうすれば脳が磨けるか？
> 　　　　　　　　を持つ

・目標　・友達　・お金（爆笑）
　楽しく子供たちとやりとりしながら授業を進める。
　脳を磨くには、

> 感謝の気持ちを持つ

> 　　　　　　　ときだけ
> に感謝すると逆効果
> 　良いことがないと、
> 逆に不満がたまる状態にな
> る。　□傾向になってしまう。

である。

> 　しかし、ある時だけ感謝すると逆効果だそうです。何だと思いますか？

> 　　　　　　　ことに
> 感謝の気持ちを持つ

「よいことがあった時」だけ感謝す
ると逆に、不満がたまってしまうの
だ。なんと、鬱傾向といい、心の病気になってしまうこともあるそうだ。

だから、

> 「あること」に「ある気持ち」を持つと、脳が磨けるそうです。
> 何だと思いますか？

「当たり前のことに感謝の気持ち」を持つことである。

> 例えば、当たり前のことって、どんなことがありますか？

・学校に通うことができる。
・休み時間に友達と遊ぶことができる。
・ご飯を食べることができる。
・給食を作ってくれる人がいる。
・先生が授業をしてくれる。
　感謝すべきことって身の回りにたくさんあることに気づく。

> 感謝は、あるものと同じで鍛えることができるのです。何だと思いますか？

```
感謝は、
     　と同じで鍛えられる
感謝の脳回路
感謝の習慣を身につける
　　　の時
「ありがとうございます」
ということから始めよう
```

　感謝は、なんと筋トレと同じで鍛えることができるのである。感謝の習慣を身につけると、「感謝の脳回路」ができるそうだ。いつでもどこでも何度でも感謝することが、脳磨きとなり、幸せにもなるというのだ。
「信じるか信じないかはあなた次第」
と伝え、

> 〇〇の時、「ありがとうございます」と言うことから始めましょう。
> □に言葉を入れましょう。

・ご飯を食べる時　・朝起きた時　・寝る時　・お店に行った時
というように、どんな時に「ありがとうございます」が言えるかを考えさせる。言葉にするかしないかでは、全く違う。

☞ ワンポイントアドバイス

　「ありがとう」「感謝」は大切ということを伝える。さまざまな方法で「なぜ、感謝が大切か」を教えていく。脳を磨くために、まさか、感謝することとは誰も思わないだろう。予想外な答えのほうが子供たちの印象にも残りやすい。子供たちと楽しく「感謝」の大切さについて考えることができる。

4 「ありがとう」が飛び交う学級になるステップ

「ありがとう」の言葉の
大切さを教え、広める

1 「ありがとう」「感謝します」は魔法の言葉

　毎年、必ず子供たちに紹介する絵本がある。

　それは、『ツキを呼ぶ魔法の言葉 魔法使いのプレゼント』（ほしのひかり著）という本である。

　とにかくついていない主人公が、不思議なおばあさんと出会い「ツキを呼ぶ魔法の言葉」を教えてもらうという話。

　おばあさんが口にした魔法の言葉とは、

> 「ありがとう」
> 「感謝します」

という2つのありふれた言葉だった。

　おばあさんは、

> 「嫌なこと、不幸なことがあったら、すぐに『ありがとう』って唱えるの。一時間後でも、次の日でもダメ。なるべくすばやく口にしないといけないのよ。そして、思うだけでなく、実際に口にしなければ魔法は効かないの」

と主人公に伝える。主人公の人生が好転していくという話である。

　毎年、読み聞かせをすると教室はシーンとなり、真剣に耳を傾ける。

2 『ツキを呼ぶ魔法の言葉』の児童の感想

〈授業後に書いた子供たちの感想の抜粋〉

○今日はフジギなことを学びました。嫌なことがあってもこの言葉をいろんなところで使っていきたいです。あと、悪い言葉を絶対に言わないと決めました。悪い言葉を言おうとしたら、我慢して、「ありがとう」や「感謝します」をどこでも使えるようにします。

○「ありがとう」と「感謝します」だけで、変われるのがすごいと思いました。家で、嫌なことを言われても、「ありがとう」と「感謝します」を使っ

て、自分の周りをいい事だらけにしたいなと思いました。私は、いつも、何かをしてもらったら「ありがとう」とか「感謝します」を言っていたので、たくさん使いたいです。

○ぼくは、汚い言葉や悪口を言わないようにして、「ありがとう」や「感謝します」という言葉を使うようにする。よく「バカ」って言ってるから、絶対これからは「ありがとう」と「感謝します」という言葉を言おうと思います。

○今日授業でいろいろ知れました。その言葉は「ありがとう」と「感謝します」という言葉でした。その言葉を使っているといいことが起きるというので、もっと使っていきたいです。でも、人の悪口や汚い言葉を使っていると、嫌なことが起こるというのも知りました。本を書いた人みたいに、「ありがとう」や「感謝します」という言葉をいっぱい使っていいことを起こしていきたいです。

3 「ありがとう」の言葉を広げる子供たちの工夫

　係活動の一環で、子供たちから、

> 「ありがとう会社つくっていいですか」

と提案があった。
「素晴らしい会社をつくってくれてありがとう」
と感謝を伝える。クラスの「ありがとう」を紙に書いて集めて、みんなに紹介するという会社である。

左の写真は、ありがとうボックス。右の写真は、THANK YOUカードである。毎年、ありがとうの言葉に関する会社が立ち上がる。これも魔法の言葉の効果かもしれない。

👉 ワンポイントアドバイス

　自分も「ありがとう」「感謝します」という言葉を使ってみたいという気持ちになれることが大切である。「ありがとう」の言葉を使うことによって、クラスの雰囲気は確実によくなる。「ありがとう」の言葉が増えていることをありがとうボックスなどで視覚的に伝えることができる。

5

挨拶の仕方を教える礼節指導

気持ちのよい挨拶の仕方を教える

・・

1 なぜ、挨拶をするのかを語る

　学校では、当たり前のように
「挨拶しなさい」
と指導をする。挨拶をすることは当たり前と皆、思っている。しかし、子供たちに
「挨拶って何のためにやるのですか？」
と聞くと、意外と答えられない子が多い。
・決まっているから　　・学校のルールだから
と思っている子も中にはいる。
　まず、何のために、挨拶をするのかを子供たちに語る。
　挨拶の目的を伝える語り

> 　挨拶は、【人と心をつなぐ第一歩】です。
> 　挨拶する人としない人。どちらの人と、仲よくなりたいと思いますか。挨拶する人としない人。どちらの人と一緒に仕事したいと思いますか。例外なく、挨拶する人が選ばれます。つまり、挨拶しない人は、「人と心をつなげない」と判断されるのです。気持ちのよい挨拶ができる人が多いクラスは、よいクラスになります。

　よいクラスになるためには、さらに、社会でよりよく生きていくためには、挨拶が重要であることを伝える。

2 気持ちのよい挨拶の仕方を教える

　次に、挨拶の仕方について教える。
自分が挨拶をしていると思っても、大切なのは、
【相手がどう思うか】
である。
　自分は相手に挨拶しているつもりでも、声が届いていなければ、挨拶して

いないことになる。

　私は、お店の店員さんを例にして教える。

どちらのお店のほうがよい印象を受けますか。

Aのお店：暗い表情で小さな声で挨拶

Bのお店：明るい表情で大きな声で挨拶

　実際に、教師がやって見せる。

　全員がBのお店の店員のほうがよいと答える。

なぜ、よい印象を与えるのですか。

・笑顔で挨拶している。　・声がハキハキしている。

・きちんとお辞儀している。

などが出る。

　よい挨拶を教師が示すのである。

3　挨拶の練習を楽しく行う

　挨拶の仕方を見せただけでは、子供たちはできるようにはならない。

　実際にその場で練習させる。

よいお店の挨拶を３回練習したら座りなさい。

　１人で練習をしたら、次は、ペアで練習させる。

挨拶が上手だった人はいますか。

と聞き、挨拶が上手な子を全員の前で披露させる。

「うまいなー！　挨拶名人だ」

と挨拶のヒーローがクラスの中で生まれるように演出する。

Aさんの挨拶のように３回練習したら座りなさい。

とAさんを手本にし、練習させる。

挨拶検定。挑戦したい人？

と全員の前で挑戦させてもよい。

「いい声」「いい表情」と挑戦した子を次々と褒めていく。

　練習した後に、全員で挨拶すると、指導前とは比べ物にならないほど上手な挨拶ができるようになる。

ワンポイントアドバイス

　20代の時、朝の挨拶の時間が嫌いであった。なぜなら、４月は元気のよい挨拶をするが、３ヶ月たつと、挨拶がだらしなくなったからだ。その度に、「やり直し」と叱っていた。叱って無理やりする挨拶ほど無意味なものはない。挨拶の大切さ、必要性を伝えていないことが原因だったのだ。

素直な心が温かい学級をつくる

伸びる人の条件
「素直な心」をもっている

1　4月に必ず伝える「素直な心」の大切さ

　伸びる人の条件の1つに「素直さ」がある。

　自分の悪いところや、直したほうがよいところを、素直に聞き入れることができるのだ。

　4月に「『素直な心』の大切さについて」を、教室でのエピソードを踏まえて、学級通信で以下のように伝えた。

　6−1の子供たちと1週間を過ごして、感じたことは、とても「素直」であるということ。1週間で、いろいろなことを伝えました。それを、1つ1つ「素直」に受け入れ、一生懸命にがんばっている姿を毎日見ています。

　例えば、靴箱の使い方。

　1日目は、使い方がきちんとできていない子もいました。

　しかし、正しい使い方を教え、なぜ、かかとを揃えたほうがよいのかを伝えました。

　かかとを揃える「ちょっとのガマン」をして、自分の「忍耐力」を鍛えるのです。

　すると現在の6−1の靴箱はどのような状態になっているのか。

　写真にあるようにビシッとかかとが揃っています。

　「昨日、嬉しいことがありました。靴箱の上ばきが、全員きれいに揃っていました」

と教室で話をすると、

「先生、俺たちがやりました‼」

と元気に、A君とB君の声が……。どうやら２人がみんなの上ばきを揃えてくれたようです。

（教えたことを張り切ってやろうとする無邪気さ・素直さが私は大好きです。）

さらに、学力テストのプリント作りを、進んでCさんとD君が朝してくれました。

その様子を見て、続々と手伝ってくれる子たちがいました。

手伝ってくれたことを全体の前で褒めました。

すると、また、ある行動が……。

ロッカーの上に教科書やノートがたくさん置かれていました。

その置き方がきれいな状態ではなかったようです。

「ロッカーの上の教科書とノートをきれいにしておきました」

という声が聞こえてきました。

振り向くと４名の男子の姿が……。

ニコニコ嬉しそうな笑顔で私を見つめています。

どうやら、自分たちで気づいて、クラスのためによい行動をしようと考えたようです。

（教えたことを張り切ってやろうとする無邪気さ・素直さが私は大好きです。）

「いいねー‼　よし、写真で記録を残そう！」

と言うと、

「やったー‼」

と喜んでいました。

他にも、音読の仕方、挨拶の仕方、リアクションをするなど、あらゆる場面でさまざま教えています。子供たちはスポンジのように吸収していきます。

「素直」であることは、伸びることに欠かすことができないものなのです。

2 「素直な心」をもった人の行動は？

⑴ 素直な人は、「よい行動を真似」することができる

素直さって大切とわかっていても、

「素直な心をもった人とはどんな人？」

と聞かれると、具体的に言えるだろうか。

私は、素直さの定義の１つとして、

> 　人の、よいと思った行動を真似ることができる

と伝える。
　成長し、伸びていく人は、他人から貪欲に学ぼうとし、真似る。
さらに、自分なりに工夫していく。
　ある子が、

> 　私も〇〇さんのように発表ができるようになりたい。
> 　どうすれば発表できるようになりますか。

と日記に書いてきた。
　私は、

> 　〇〇さんの行動のよいと思うことを真似しなさい

とアドバイスする。
　さらに、

> 　〇〇さんをよく観察するといい

ことも告げる。
　そして、その子の発表でよいと思ったことを真似していることを取り上げ、
褒める。

> 「素直な心をもっているね。だから、成長するんだね」

　どんなに教師がよい話をしても、周りでどんなよい行動をしても、それを
受け入れる「素直な心」がなければ子供は成長しない。

⑵ 自分の実体験で伝える
　多くの先生たちの前でスピーチする時に、何度も頭が真っ白になって恥ず
かしい経験をしたことを伝えた。

> 　その時に、私は何をしたと思いますか。

　私が行ったのは、上手にスピーチをする人の観察です。スピーチが上手な
人がやっていたことは、

> 　メモ

であった。

　つまり、スピーチをいつでもできるようにメモに書いて準備していたのである。

「感想をどうぞ」

といつ言われてもすぐにスピーチできる準備をしていたのだ。

　私は、早速真似をした。

　メモをするようになってから、スピーチの途中で頭が真っ白になることは、ほとんどなくなった。

「スピーチが苦手という人にも参考になるかもしれません」

とクラスの子たちにこの話をした。

　早速、私の真似をして、メモを取り始める子たちの姿があった。

　　素直さがある証拠だね。

と伝えた。

(3)「素直さ」は強制ではない

　メモしたことに対して「素直さがある」と褒めると、メモをしなければいけない雰囲気になってしまうことがある。

「素直さ」は強制するものではない。

　私は、こうしたとき必ず、

　　自分に合った方法がある。全員が同じ方法がよいことなんてない。自分でメモをやってみて、合うか合わないかは自分が判断すればいい。

と伝える。

　ただ、クラスでメモを取る習慣を身につけている子は多い。

　それだけ、メモすることの有効性に気づいたのだろう。

　　よい行動を真似る素直さが、成長を加速させる。

　真似する空気は、クラスの雰囲気を確実によくする。

ワンポイントアドバイス

　「このクラスは本当に素直だね」このキーワードを何度も子供たちに伝える。教えられたことに対して、行動するということは、全て「素直な心」があると私は考えている。だから、ちょっとした行動に対しても「あなたは素直な心をもっているね」と伝える。私の恩師がいつもそう言ってくれた。

あとがき

　教師になり小学校２年生を担任した。

　授業の仕方がわからず、思いつきの授業を連発していた。子供たちの目はキラキラしていた。やる気に満ち溢れていた。しかし、あっという間に、死んだ魚のような目になっていく。

　机に突っ伏す子。鉛筆と消しゴムで手悪さする子。

　私の対応方法は、

「集中しろ。話を聞かないから、わからなくなるんだ」

という、

厳しい注意と叱責

だった。

　厳しく叱責ばかりしていたが、クラスは大きく荒れはしなかった。しかし、子供たちの授業中の退屈そうな顔は、今でも忘れることができない。

　荒れなかった要因の１つ。授業はうまくできないが、休み時間は、とにかく一緒に遊んだこと。一緒に遊ぶことで子供たちとの関係を築くことができていた。当時は、休み時間に遊んでいる時の子供たちの笑顔だけに、救われていた。しかし、授業中にこの笑顔を引き出すことができない。自分の授業に問題があることはわかっていたが、どう改善すればよいかが正直わからなかった。

　先輩の先生に聞くと、

「まだ１年目なんだから仕方ないよ。経験すれば大丈夫」

　この言葉に「ほっ」と安心する自分。しかし、「本当にそうなのか」とモヤっとする気持ちもあった。若さゆえに子供たちを惹きつけている自分に気づいていた。もし、年を重ねても授業が下手くそだったら・・・・と考えるとゾッとした。

　そんな時、先輩の先生からセミナーを紹介してもらい、参加したそのセミナーで衝撃を受ける。

　講師で立っていたのは、長谷川博之先生と小嶋悠紀先生。お二人の授業と講座を受けて、体中に電流が流れるほどの衝撃を受けた。

経験したことがない世界を知る。

お二人とも向山洋一先生から学んでいることを知り、そこから向山先生のご著書をひたすら読んだ。読めば読むほど、いかに自分の授業や子供への対応が素人であったかに気づく。子供たちへの申し訳ない気持ちが込み上げてくる。

2009年に群馬の赤石賢司先生の学習会に参加することを決意した。学習会に参加すると決意するには、勇気が必要だった。1歩踏み出してから、私の教師人生は劇的に変わった。TOSS CHANCEという教師サークルを作った。2010年1月1日から今まで、休むことなくずっと続けている。河田孝文先生の学級参観をしたことも大きな転機になった。そこにあったのは、

圧倒的な子供の事実

であった。子供たちだけで1時間討論をし続ける。主体的に学ぶ子供たちの姿は、今も私の憧れ。ひたすら教師としての力を高めるため、サークルで模擬授業をし、実践発表をする。やればやるほど、変わっていくものがあった。それは、

子供たちの授業中の表情と反応

である。今ならば、初任の時に子供たちが死んだ魚のような目に、なぜ、なっていたのかを分析できる。

「授業の原則」から全て外れるような授業だったのだ。

> 教師が、成長のための努力を怠った時、子供もまた成長を止める。
> 教師の成長と子供の成長は一体のものである。「教師修業10年　向山洋一」

本気で学び続けて10年。試行錯誤を繰り返して生まれた教室の実践が『教室習慣づくり7つの原則』である。

「続けると本物になる」の言葉を信じて突き進んできた10年間。共に学ぶ仲間がいたからこそ、教師修業を続けることができた。

最後になりますが、執筆の機会をくださりご指導くださった学芸みらい社樋口雅子氏、大庭もり枝氏、本気の教師修業の道を示してくださった向山洋一先生、谷和樹先生に心からの感謝を申し上げます。

2021年初夏「続けると本物になる」と心に誓って

NPO群馬教育研究会　理事
TOSS群馬代表、TOSS CHANCE代表

松島博昭

◎著者紹介

松島博昭 （まつしま ひろあき）

1981年12月12日　群馬県生まれ
2004年3月　新潟大学教育人間科学部健康スポーツ科学課程卒業
現在　群馬県公立小学校教諭
NPO群馬教育研究会　理事、TOSS群馬代表、TOSS CHANCE代表
2010年1月1日に教師サークルを立ち上げ、
授業力・学級経営力を高めるための学習会を定期的に開催している。
向山型算数セミナー講師を務める。
『算数難問1問選択システム・中級レベル1＝小3相当編』、『「道徳1～3年生編」授業の腕が上がる新法則（授業の腕が上がる新法則シリーズ）』『教室ツーウェイNEXT』（すべて学芸みらい社）への原稿執筆。

NPO群馬教育研究会 HP
https://www.toss-gunma.net/

どの子もHappyになる!
教室習慣づくり 7つの原則

GAKUGEI
MIRAISHA

2021年9月1日　初版発行
2022年8月30日　第2版発行

著　者　松島博昭
発行者　小島直人
発行所　株式会社学芸みらい社
　　　　〒162-0833　東京都新宿区箪笥町31番　箪笥町SKビル3F
　　　　電話番号 03-5227-1266
　　　　https://www.gakugeimirai.jp/
　　　　E-mail : info@gakugeimirai.jp
印刷所・製本所　藤原印刷株式会社
企　画　樋口雅子
校　正　大場優子
装丁デザイン・本文組版　小沼孝至

ISBN978-4-909783-81-3 C3037